니가 기자냐? 나는 기자다!

니가 기자냐? 나는 기자다!

박흥률 기자 뉴스 에세이

문예바다

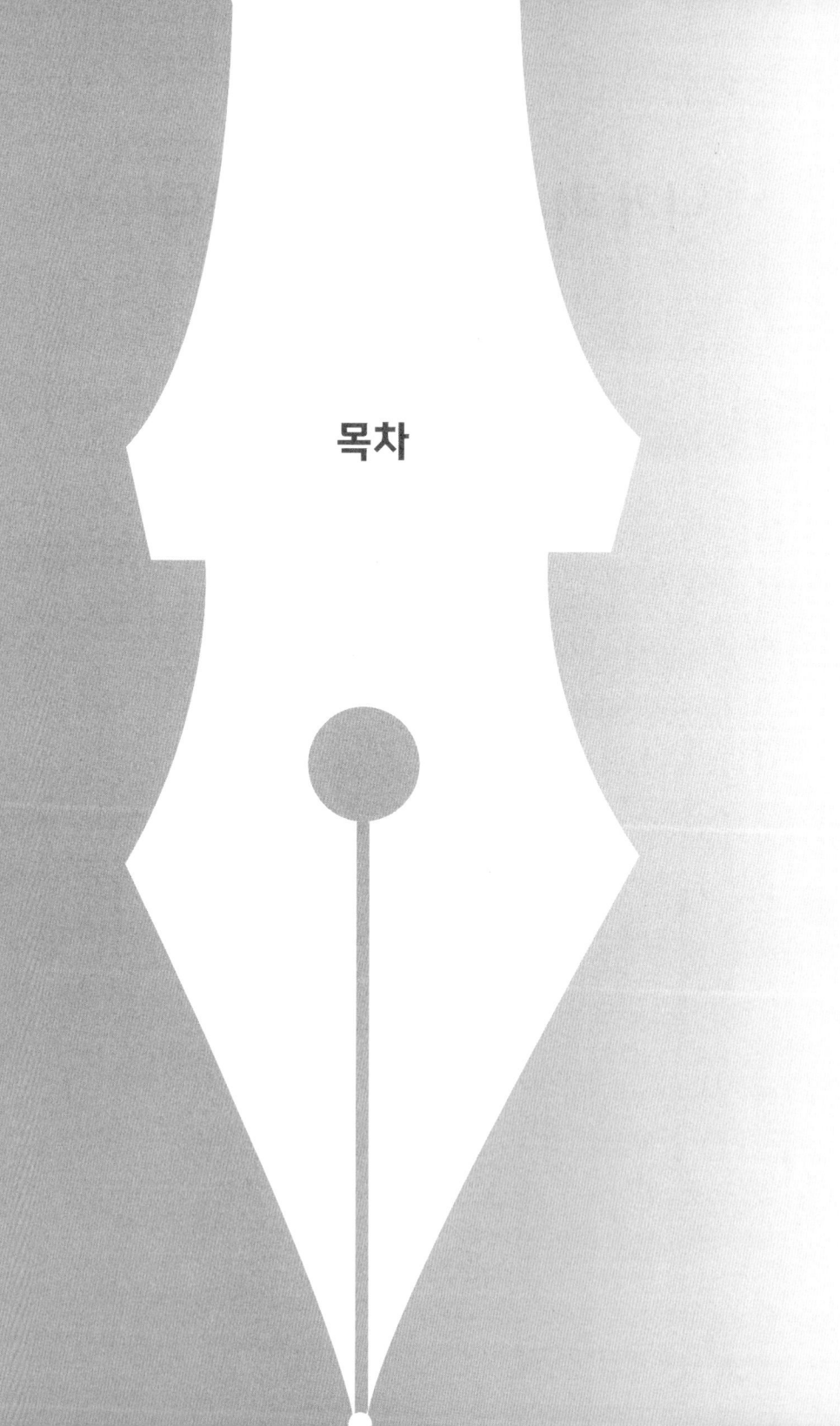
목차

추천사 / 박정운, 박병철, 케빈 김	10
프롤로그	16

1부. 어떻게 살 것인가

감사의 조건	28
정리의 힘	31
빅초이의 약속	34
기록된 꿈이 현실이 된다	36
웃어야 하는 이유	39
자녀의 행복, 부모의 행복	42
인성이 먼저다: 학벌보다 중요한 가치	45
가슴이 시키는 일 - 진로 선택의 본질에 대하여	49
직업 선택의 기준 - 무엇이 되느냐보다 어떻게 살 것인가	52
문제는 교육이야, 바보야!	55
음악의 힘	59
행복은 성적순이 아니잖아요	62
생명을 남기고 간 사람	66
말하는 대로 된다	69
진정한 재테크	72
김대중 대통령과 존 엘웨이	76

2부. 니가 기자냐? 나는 기자다!

대학 선택의 기준	84
자녀에게 꿈을	87
대학과 전공 선택의 갈림길에서	91
봉사하는 삶	94
떠남을 기록하다: 삶과 추억	97
광복 70주년, 역사의 교훈을 새기며	100
박수칠 때 떠나라 -영광의 순간에 남긴 교훈	103
죽기를 각오하면 산다 -이순신 장군에게 배우는 리더십	106
왜 지금 이순신인가?	107
니가 기자냐?	113
나는 기자다!	117

3부. 한민족 디아스포라(Korean Diaspora)

한인 은행장과 한민족 디아스포라	123
글로벌 한상 네트워크, 한국 경제의 미래를 열다	125
한미은행 30년, 한인 금융의 역사와 미래	128
자서전 쓰기	131
한인사회의 미래, 정치 참여에 달렸다	135
2016년 미 대선과 한인사회	138
LA 폭동 30주년, 우리가 잃은 것과 얻은 것	141
자랑스러운 50년 역사, 한인축제와 코리안 퍼레이드	145
위대한 미국의 재건	147
잊힌 시간 위에 다시 피어날 한옥	151
- 몬트리올 한국관의 복원을 꿈꾸며	
3·1운동 100주년에 부쳐	154
코리안 아메리칸의 도전은 계속된다!	157

4부. 위기의 시대, 함께 살아가는 법

일본 대지진, 남의 일 아니다	164
감기와 메르스: 현실이 된 재난 시나리오	167
흔들리는 땅, 깨어나는 경각심 – 지진과 공동체의 준비	170
We Shall Overcome!	173
끝날 때까지 끝난 것이 아니다	177
코로나 시대의 정신 건강	180
위기를 기회로! – 코로나19, 문명의 전환점인가	183
코로나 블루를 이긴 다저 블루	186
그저 건강하게 있어 주세요	188
코로나가 바꿔놓은 한인사회 풍속도	191
위드 코로나 시대, 다시 살아나는 한인사회	195
펜데믹 2년의 교훈: 우리는 하나	198
위드 코로나 시대의 건강 관리	201
기후 위기, 더 이상 '강 건너 불' 아니다	204
대한국민이여, 깨어나라!	207

5부. 영원한 1등은 없다

건강 수명 시대, 운동이 답이다   214

건강이 최고다   216

100세 시대의 건강 관리   219

신분도용, 철저한 예방이 필수다   223

박찬호와 로스앤젤레스 한인사회의 자부심   225

Let's Go Dodgers!   229

다저스와 류현진의 기적   232

코로나 시대, 건강하고 행복한 삶이 최고다   235

일레인이 무사히 돌아오길   239

팬데믹 뚫고 날아오른 골프 열풍   242

Back to Normal!   245

Let's Go, Rams!   249

영원한 1등은 없다   252

| 추천사 |

언어는 책임이며, 기록은 증언이다

박흥률 국장은 1989년부터 2023년까지 34년간 미주한인사회의 최전선을 지켜온 언론인입니다. 그가 발로 누빈 현장은 단순한 사건의 나열이 아닙니다.

LA 폭동, 노스리지 대지진, 말리부 대형산불, Y2K, 9·11사태, 글로벌 금융위기, 코로나19 팬데믹에 이르기까지-그 한복판엔 늘 공동체의 고통과 시대의 균열이 놓여 있었습니다.

그는 신문과 방송 두 매체를 넘나들며 속보보다 진실을, 관점보다 사실을, 그리고 무엇보다 '사람'을 중심에 놓고 기자의 본질을 치열하게 증명해 왔습니다. 이 책은 그러한 기자정신이 응축된 살아있는 기록입니다.

한국외대 영어교육과를 졸업한 박흥률 국장은 "언어는 책임이며,

기록은 증언이다"라는 신념을 현장에서 실천한 행동하는 지식인입니다.

이 책은 단순한 회고록을 넘어 20세기에서 21세기로 이어진 밀레니엄 시대를 관통한 '증언의 역사'입니다. '기자'라는 이름의 사명과 무게를 오늘날 우리에게 다시 묻습니다.

이 책은 시대와 기록의 관계를 고민하는 모든 이들에게 깊은 울림과 질문을 던질 것입니다.

한국외국어대학교 총장
박정운

| 추천사 |

뉴스가 아니라, 시대의 증언이며 인간의 체온

누군가는 삶의 진실을 기록하고, 또 누군가는 그 기록을 믿고 걸어갑니다.

박흥률 국장은 34년 동안, 바람 불던 거리와 불타던 도시 한복판에서 펜과 카메라를 들고 사람을 향했습니다. 그의 기록에는 단순한 사건의 열거가 아니라, 시간의 무게와 공동체의 숨결, 이민자의 눈물이 고스란히 담겨 있습니다.

나는 이 책을 통해 그가 지나온 발자취 속에서 미주한인사회의 성장과 변화, 그리고 우리가 지켜야 할 가치들을 다시금 되새기게 됩니다.

그가 지켜낸 것은 단지 뉴스가 아니라, 시대의 증언이며 인간의 체온이었습니다. 이 책은 마치 바다를 건너온 편지처럼, 아픈 시간을 품고 건너온 따뜻한 연대의 언어입니다.

　평생을 사업가로 살아온 저에게도 이 글들은 책임과 신뢰, 그리고 사람의 가치를 다시 생각하게 만듭니다.

　박 국장의 눈과 손끝에서 태어난 이 기록들이 더 많은 이들에게 닿아, 공감과 회복의 불씨가 되기를 바랍니다.

에베레스트 트레이딩 회장
박병철

| 추천사 |

한 세대를 관통하는 '사회적 기록'

　진정한 리더십은 공동체를 이해하고, 그 역사를 기억하는 데서 출발합니다.

　박흥률 국장의 뉴스 에세이는 단순히 한 언론인의 과거를 돌아보는 글이 아니라, 한 세대를 관통하는 '사회적 기록'입니다. 34년간 그는 현장의 최전선에서 시대의 고통과 회복, 위기와 연대를 누구보다 정확하고 따뜻하게 기록해왔습니다.

　경제위기, 사회갈등, 재난의 순간마다 그의 보도는 한인사회가 직면한 현실을 마주하고 미래를 준비할 수 있도록 돕는 나침반이 되어주었습니다.

　신뢰와 책임, 투명성이라는 핵심 가치는 금융의 본질일 뿐 아니라, 건강한 언론과 사회가 지속 가능하기 위한 필수 요소이기도 합니다.

박 국장의 기록에는 그 가치들이 일관되게 녹아있으며, 이는 우리 모두가 배워야 할 리더십의 한 형태입니다. 이 책은 한 언론인의 이야기를 넘어 공동체 전체가 공유해야 할 귀중한 자산입니다.

은행가로서, 그리고 커뮤니티의 일원으로서 이 소중한 기록이 더 널리 읽히고 오래 기억되길 바랍니다.

뱅크 오브 호프 행장
케빈 김

| 프롤로그 |

나는 기자다!

1989년 미주한국일보에 입사하며 기자 생활을 시작했다. 그로부터 34년, 나는 미주한인사회의 굵직한 사건들과 공동체의 눈물과 웃음을 펜으로 기록해왔다. 기자로서 나의 출발점은 미국 이민사 한복판에서 마주한 재난과 고통, 그리고 그 속에서 빛났던 인간의 존엄이었다. 비즈니스 등 각계에서 성공한 한인들의 스토리를 다룰 때는 신명이 났지만 권총강도의 희생양이 되었던 리커운영 한인업주들을 취재하고나면 유가족 생각에 불면의 밤을 보내기 일쑤였다. 열심히 일해 모은 돈을 사기당한 한인, 실패한 인생으로 마약중독자나 홈리스가 된 한인, 밤낮없이 열심히 쉬지않고 일해 아메리칸 드림을 이룬 스몰비즈니스 업주들과 한인들의 구심점 역할을 하는 한인 단체 활동을 취재하면서 한인사회와 희노애락을 같이한 세월이 30여 년이 넘게 훌쩍 흘렀다.

1992년 4월, LA 전역이 화염에 휩싸였던 그날, 나는 KBS 아메리카 방송국에서 카메라 부장과 함께 사우스 LA의 중심부로 향했다. 4·29 폭동은 단순한 도시 폭력이 아니라 이민자 커뮤니티의 존립과 정체성을 시험하는 거대한 격랑이었다. 유리창이 깨지고, 가게가 불타고, 거리엔 절규와 욕설이 난무하는 가운데서도, 나는 수첩과 카메라를 든 채 그 현장을 기록했다. 기자가 어디에 있어야 하는지를 처음으로 뼈저리게 자각한 순간이었다.

2년 뒤, 대지진이 LA를 강타했다. 새벽녘의 고요를 깨고 땅이 갈라졌다. 무너진 고속도로, 쏟아진 콘크리트, 집을 잃고 주저앉은 한인들 사이에서 나는 이재민들을 취재했다. 그중 남편과 아들을 한꺼번에 잃은 이현숙 씨의 이야기는 다큐멘터리로 만들어져 주류 사회에도 전해졌다. 갯더미 위에 일어선 이들의 이야기는 단지 피해 복구가 아닌 인간 공동체의 회복력을 증명하는 서사였다.

1996년, 김조원 씨가 운영하던 리커스토어에서 총격 사건이 발생했다. 히스패닉계 소녀에게 총을 쐈다는 이유로 그는 살인 혐의를 받았지만, 이웃의 증언과 가족사를 추적하며 그 사건 이면의 진실을 드러냈다. 그의 부인 김화성 씨의 정신질환과 가족의 고통은 '세 발의 총성-깨어진 꿈'(연출 박흥률)이라는 다큐멘터리로 제작되어 KBS 서울 프라이즈 TV 부문 최우수상을 받았다.

그해 여름, 또 하나의 기적이 있었다. 미 공사 생도 성덕 바우만이 백혈병에 걸렸고, 한국의 서한국 병장이 그의 생명을 살릴 유일한 유전자 기증자였다. 나는 그 이식 장면을 취재, KBS 9시 뉴스로 방송되면서 국경을 넘은 생명의 연대를 보았다. 1997년, IMF 위기로 한국이 휘청일 때, 다저스 구장에서 박찬호 선수가 메이저리그 선발로 우뚝 서는 모습을 취재해 KBS 9시 뉴스로 방송하면서 그가 승리를 거둘 때마다 나는 한국 국민들에게 작은 희망이 전해지길 바랐다.

말리부의 언덕이 불길에 휩싸였던 1998년 가을, 또 다시 현장으로 달려갔다. 말리부 산불은 마치 지옥의 한 장면처럼 산야를 집어삼켰고, 아름답던 해안 마을이 순식간에 잿더미로 변했다. 집을 잃고 대피소에 모여든 주민들은 망연자실한 눈빛으로 서로를 부둥켜안고 있었다. 그날 자연재해의 무자비함과 동시에 공동체의 연대를 목격했다. 서로를 위로하고 돕는 이웃들의 이야기를 취재하며, 재난 속에서도 피어나는 인간의 온정을 느낄 수 있었다. 그리고 그런 순간을 기록하는 기자의 역할에 대한 자부심과 책임감도 다시 한번 가슴속에 새겼다.

1999년 2월 3일 사우스 LA의 리커 스토어를 운영하다가 업소앞에서 강도의 총에 맞아 숨진 한인여성 홍정복 씨의 장례식에 300여명의 흑인 주민들이 참석해 그녀의 죽음을 애도하는 비극적인 사건이 발생했다. 홍정복 씨가 평소에 이웃 흑인들에게 베푼 따스한 사랑을 취재해서 알렸고 이러한 죽음이 미 전역에 알려져 미국 YWCA로부터 그녀는 사후에 인종화합상을 받았다.

한흑화합과 박애주의 정신을 몸소 실천한 그녀의 이야기를 담은 "마마! 보고 싶어요"(연출 박흥률)는 1999년 KBS 서울 프라이즈 TV 부문 최우수상을 수상했으며 기자는 KBS 9시 뉴스 인터뷰에 소개되기도 했다.

다음 해인 1999년, 세기는 끝나가고 Y2K라는 전산대란의 공포가 전 세계를 덮었다. 나는 자정 무렵, 카메라 기자와 함께 서버실 앞에서 세상이 멈출지 모른다는 불안을 지켜봤다. 그리고 아무 일도 일어나지 않았다. 하지만 그 밤, 나는 인간이 얼마나 기술에 의존하며 살아가는지를 절감했다.

2001년 9월 11일 아침, TV 속으로 날아든 비행기 두 대가 세계무역센터를 향해 돌진했다. 맨해튼의 하늘은 순식간에 검은 연기로 바뀌었고, 미국의 심장은 무너졌다. 나는 LA에서 공항 폐쇄와 한인사회의 대응을 취재하며, 충격에 빠진 미국 사회의 내면을 들여다보았다.

그해 말, 간암으로 생명이 위독한 김현숙 씨 보도가 나간 뒤, 기적처럼 간 기증자가 나타났고 그녀는 살아났다. 기자 생활 중 가장 보람된 순간이었다. 2001년 미주한인이민 100주년 기획을 맡아 멕시코 유카탄 반도의 한인 후예들을 찾아갔고, 그들이 상해 임시정부에 독립자금을 보냈다는 사실을 확인했다. 그 기사로 21명의 후손들이 뒤늦게 독립유공자로 인정받았다.

2008년, 서브프라임 사태로 미국 경제가 무너질 때, 한인 은행들도 줄도산 위기를 맞았다. 사람들은 물었다. "이 은행도 문 닫는 거야?" 나는 '한인 경제를 살립시다' 특집을 통해 이민자들의 절박한 생존 의지를 알렸다. 한미은행은 우리은행에 넘어갈 뻔했지만, 구조조정과 공동체의 지지로 살아남았다. 지진이나 폭동처럼 눈에 보이는 참상은 없었지만, 경제 붕괴라는 보이지 않는 재난은 수많은 사람들의 일상을 송두리째 무너뜨렸다. 집을 차압당해 거리로 내몰린 가장들, 일자리를 잃고 길게 늘어선 구직자들의 행렬, 순식간에 삶의 기반을 잃고 절망에 빠진 가정들을 취재하며 또 다른 형태의 고통을 마주했다. 이러한 위기의 본질을 독자들에게 알기 쉽게 풀어쓰고 피해자들의 목소리를 대변하기 위해 밤낮없이 현장을 뛰었다. 그 과정에서 사회의 아픔을 기록하고 때로는 책임을 묻는 언론의 역할이 얼마나 중요한지 거듭 절감했다.

2009년, 창간 40주년을 맞은 미주한국일보 등반 행사 중 휘트니산에서 나는 빙벽에서 미끄러졌지만 아이스엑스로 가까스로 생존했다.

기자의 삶은 그저 기록만이 아니었다. 그것은 생존이기도 했다.

그리고 마침내 전 세계를 뒤흔든 사태와 맞닥뜨렸다. 2020년의 코로나19 팬데믹은 그동안 겪어 온 어떤 취재보다도 특수한 도전이었다. 눈에 보이지 않는 바이러스와의 전쟁 속에서 거리에는 사람이 사라지고 도시가 멈춰 섰다. 마스크 뒤에 가려진 시민들의 눈동자에는 불안과 희망이 교차했고, 병원의 최전선에서는 한 편의 드라마 같은 생사가 오가는 사투가 벌어졌다. 사회적 거리두기로 직접 대면 취재가 어려운 상황에서도, 각종 데이터 분석과 온라인 인터뷰 등을 통해 팬데믹의 현실을 기록해 나갔다.

집 안이 곧 취재 현장이 되고 나의 일상 자체가 보도의 일부가 되는 낯선 경험 속에서 공동체에 정확한 정보를 전달하는 일의 무게를 다시 한번 실감했다. 모두가 겪는 고통인 만큼 나는 더욱 신중하고 진솔하게 이 거대한 사건을 써 내려가야 했다.

이렇듯 숨 가쁘게 달려온 취재 여정을 돌아보면, 결국 깨달은 한 가지 진리가 있다. 기자는 단순히 뉴스를 전하는 사람이 아니라, 역사의 한 순간을 기록하고 증언하는 사람이라는 것이다.

"나는 기자다!" 이 한 마디를 하기까지 수많은 밤을 지새우며 펜을

들었고 다큐멘터리를 구성했다. 이 책은 언론의 최전선에서 겪은 나의 이야기다. 진실을 쫓는 과정에서 마주한 갈등과 고민 그리고 그 속에서 발견한 기자로서의 사명감을 담았다. 이 책을 통해 언론계 지망생들은 언론의 본질과 기자의 역할에 대해 다시 한번 생각해보는 계기가 되길 바란다.

또한 '진실을 향한 집요함'과 '사람을 향한 따뜻함' 사이에서 기자가 품어야할 균형과 책임을 다시 생각해보길 바란다. 기자로서 만난 인물들 중에서도 잊을 수 없는 이는 지금은 고인이 되신 카니 강 LA 타임스 기자다. 그녀의 다큐멘터리 '내 고향 고요한 아침의 나라'를 제작하며 그녀의 집요한 취재력과 철저한 기록정신, 역사에 대한 진지한 태도에 깊이 감명받았다. "기자는 말(言)을 기록(記)하는 사람이다. 기자의 말은 단순한 전달이 아니라 사회를 움직이는 나침반이 되어야 한다"는 것이 그녀의 신조였다.

아이 하나를 키우려면 마을이 필요하듯, 기자 한 사람을 키우는 데는 수많은 사람의 목소리, 고통, 그리고 믿음이 필요했다. 기자는 혼자 성장하지 않는다. 진실을 외면하지 않은 수많은 이들이 나를 기자로 만들어주었다. 그래서 이 책은 결코 나 혼자 써낸 결과물이 아니다. 34년간 현장에서 만난 수많은 사람들과 그들의 눈물과 침묵, 고백과 분노가 이 책의 진정한 주인공이다.

먼저 취재 현장에서 함께 뛰었던 동료기자들에게 감사의 마음을 전한다. 위기속에서도 펜과 마이크를 놓지 않았던 그들의 기자정신이 나에게 끝까지 기록을 이어갈 용기를 주었다.

이 자리를 빌어 미주한국일보의 장재민 회장님, 권기준 사장님, 고(故) 이철 주필, 박록 주필, 조윤성 전 편집국장, 안상호 논설위원, 정숙희 논설위원과 KBS 아메리카의 장영국 전 사장님, 고(故) 정선언 KBS 아트비전 사장님, 고(故) 원종묵 전 보도국장, 그리고 기획 단계부터 함께 고민하며 이 책의 방향을 다듬어준 명진(明眞) 이성숙 작가(문예바다 편집장), 문예바다 백상준 부장께 감사드린다.

삶의 위기속에서 언제나 나를 가장 든든히 지켜준 가족이 특히 고맙다. 긴 시간을 기다리고 격려해 준 아내 재현, 그리고 언제나 나를 응원해 준 딸 소정, 아들 성배에게 고맙다. 이미 작고하신 아버지 박홍식님, 어머니 김순원님에게 무한 감사드린다. 혹시라도 살아계실지 모를 초등학교 은사 정문자 선생님께도 감사드린다.

내가 기록한 것은 단지 사건이 아니라 그 속에서 울고 웃은 사람들의 흔적이었다. 34년의 기자 인생동안 내가 남긴 기록은 곧 미주한인 공동체의 기억과 역사가 될 것이라고 본다. 우리가 살아낸 시대의 발자취이기도 하다.

끝으로 이 책을 손에 든 독자 여러분께 감사드린다.

기억은 지나가는 일이지만 기록은 함께 살아가는 일이다. 이 기록이 누군가의 기억 속에 오래 남길 소망한다. 향후 이 책에서 미처 소개하지 못한 특집기사, 유명 인사와의 인터뷰, 나의 기자 생활 비하인드 스토리, '삶과 추억' 등을 계속해서 책으로 펴낼 계획이다.

책 판매시 발생하는 모든 수익금은 LA 한인가정상담소와 한국외대에 기증할 것이다.

2025년 6월
대한민국 수원에서
박흥률

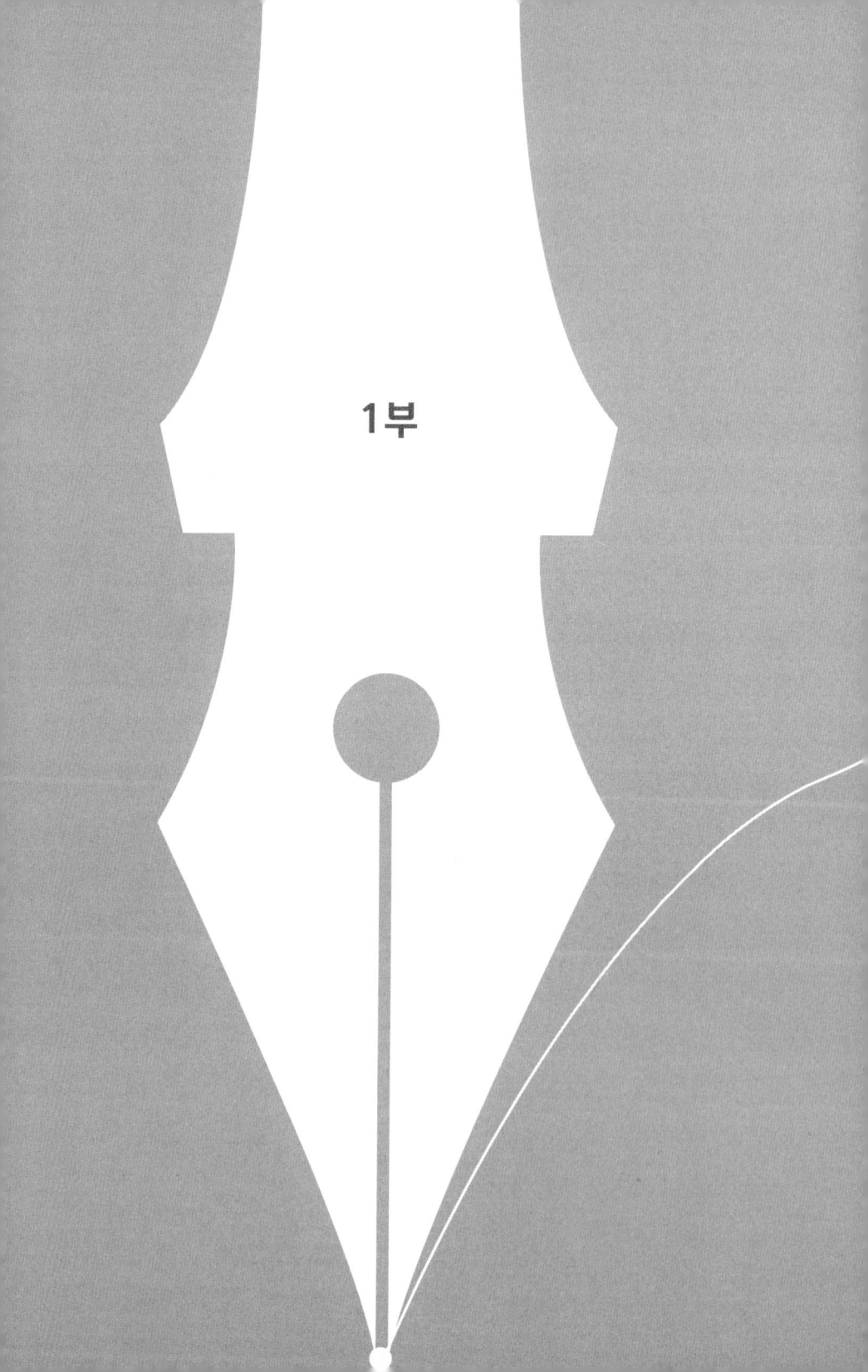

어떻게 살 것인가

01

감사의 조건

　급등하는 실업률, 줄어드는 급여, 지속되는 기업의 구조조정과 실직 가장의 비관적 선택 등 경기침체의 여파로 인해 삶이 점점 각박해지면서 요즘 웃을 일이 많지 않다.

　그러나 차분히 주위를 둘러보면 우리 주변에는 여전히 감사할 조건이 많다는 사실을 깨닫게 된다. 아직 일할 수 있는 직장이 존재하고, 사랑스러운 자녀들과 따뜻한 이웃, 깨끗한 공기를 마시며 대지를 달릴 수 있는 건강 등 헤아릴 수 없이 많은 감사의 이유가 있다. 무엇보다 중요한 것은 우리가 살아 숨 쉬고 있다는 사실이다. 마음먹기에 따라 경제적으로 풍족하지 않아도 충분히 행복하게 살 수 있다는 것을 깨닫는다면, 더 많이 가지려고 욕심을 부리거나 무리하게 성취하려 하기보다 현재 가진 것에 만족하며 삶을 즐길 수 있다.

　기자는 최근 두 차례의 극한상황을 겪으며 삶을 깊이 성찰할 수 있는 계기를 얻었다. 지난 주말 '한국일보 미주본사 창간 40주년 기념 위트니 등정팀' 9명 중 한 사람으로 위트니산을 오르던 중 빙벽에서 미끄러져 추락하는 사고를 당했다. 약 30초의 짧은 순간, 순간적인 의식 상실과 함께 150여 미터를 미끄러지며 '이렇게 죽는구나'라는 생각이 먼저 스쳤다. 그러나 곧이어 생존 본능이 깨어나며 '이대로 죽을 수 없다'고 생각했고, '온몸을 펴라'는 구호를 두 차례 외치며 오른손에 든 아이스엑스를 설벽에 찍어 가까스로 멈출 수 있었다. 당시 아래쪽에서 등정 중이던 김남길 남가주 용산고 산악회장(70세)은 "무언가 바람처럼 휙 지나갔다"고 회상하며 당시 상황의 심각성을 전했다.

추락의 충격으로 등산화에 착용한 크램폰이 떨어져 나갔고, 등산 폴까지 놓쳤다. 그러나 죽음의 문턱에서 살아 돌아왔다는 사실만으로도 얼마나 깊은 감사와 감격을 느꼈는지 모른다. 또한 지난달 31일 위트니산 고소적응 훈련을 위해 비슷한 고도의 화이트 마운틴을 등정할 때는 천둥번개로 인한 극도의 공포감을 경험했나. 천둥번개는 약 1시간 동안 계속되었다. 등산복과 폴은 물론이고 온몸에서 불꽃이 팍팍 튀었다. 머리에는 송곳으로 찌르는 듯한 통증이 일었다. 그 공포를 말로는 다 설명할 수가 없다. 대원들은 바닥에 엎드린 채 '살아 돌아가야 한다'는 말만 되뇌일 뿐, 번개가 지나가길 바라는 것 외에 할 수 있는 일이 없었다. 에베레스트와 매킨리 등정 경험이 있는 김명준 전 재미한인 산악회장은 당시 상황이 더 심각했더라면 대원 모두 목숨을 잃을 수도 있었다고 말했다. 실제로 이날 남가주에서는 6,200회의 번개가 관측됐고, 주민 2명이 번개를 맞아 사망했다. 이러한 상황 속에서 기자를 포함한 대원 모두가 무사히 귀환한 것은 그야말로 하늘의 도움이라 말할 수밖에 없다.

    위트니 등정과 화이트 마운틴에서의 극한상황을 통해 기자는 살아 숨 쉬고 있다는 사실 하나만으로도 감사할 이유는 충분하다는 것을 절실히 깨달았다. 감사의 마음은 우리의 삶을 더욱 뜨겁고 풍요롭게 한다. 지금 이 순간도 기자는 감사에 젖는다. (2009. 6)

02

정리의 힘

1947년 뉴욕에서 눈이 멀어 거동이 불편한 형 호머 콜리어와 형을 돌보던 동생 랭글리 형제의 죽음이 화제를 모았다. 3층 저택에서 산이들은 온갖 잡동사니를 쌓아둔 더미 속에서 시체로 발견됐다.

동생은 자신이 설치한 부비트랩을 건드리면서 신문더미에 깔려 질식사했고 동생의 보살핌을 받지 못한 형은 굶어 죽은 것으로 밝혀졌다. 170톤에 달하는 어마어마한 쓰레기 때문에 집은 붕괴 위기에 처했고 형제의 시신이 발견되기까지 3주가 걸렸다. 형제는 아이러니하게도 자신들이 모아둔 소중한(?) 잡동사니로 인해 비극적인 최후를 맞았다.

이처럼 물건에 대한 욕구가 애착을 넘어 삶에 지장을 초래할 정도로 심해 콜리어 형제처럼 사회문제로 비화되기도 한다. 미국 전체인구의 5% 정도가 저장 강박증을 앓는 것으로 알려졌다. 우리 주변에도 이 정도까지는 아니더라도 정리를 제대로 하지 못해 인생의 많은 기회를 날리고 시간을 허비하는 경우가 발생하곤 한다.

필요없는 물건을 버려야 하는 이유는 간단하다. 잡동사니가 사는 곳을 둘러싸고 이에 파묻히게 되면 그로 인해 사람에게 와야 할 좋은 기운이 그 물건들에 막혀 사람에게 다다르지 못하기 때문이며 심지어는 나쁜 기운 속에서 굴곡 많은 삶을 살게 된다고 한다.

특히 집과 일터는 살아 있는 사람의 기(氣)가 머무는 곳이다. 기는 결국 사람의 에너지이고 기분이다. 성공적인 인생이 되기를 원한다면 우리가 몸담고 있는 두 공간 즉 집과 일터의 생명 에너지(생기)의 흐름을 유연하게 하는 것이 중요하다. 그런데 잡동사니로 인해 기의 흐름이 원활히 흐르지 못할 때 무엇인가 우리 삶에 문제가 생겼음을 암시한다.

정리를 할 때 고민이 되는 점은 나중에 필요할 것이라고 생각해 버리지 못하는 것이다. 하지만 생각을 바꾸고 필요 없는 것은 버릴 수 있어야 한다. 정리를 하고 나면 생산력이 높아지고 정신이 맑아지며 일의 효율이 향상됨을 느낄 것이다.

LA의 한 중년여성은 정리의 중요성을 깨닫고 대청소를 실시하면서 잃어버린 돈 1,600달러를 정리하던 옷 안주머니에서 발견했다고 한다. 또 한 여성은 쓰레기더미 같은 방을 정리한 후 야드세일을 해서 500달러를 벌고 이 일로 차고를 정리하겠다는 생각을 했으며 또 다시 1,000달러를 벌어 휴가여행을 떠날 수 있었다. 정리를 잘하는 학생이 명문대에도 많이 입학할 뿐더러 인생과 커리어에 대한 목표의식도 확고해 인생에서 성공할 확률이 높다는 통계도 있다. 정리, 정돈, 청소만 잘 해도 성공하고 부를 창출할 수 있다는 이야기이다.

'정리'는 자신이 정한 기준에 따라 필요한 것과 필요하지 않은 것을 판단해 분류하는 것이고 '정돈'은 물건을 사용하기 편리하도록 위치를 잡아주는 것이며, '청소'는 건강을 위해 깨끗하게 치우는 것이다.

청소를 통한 인생의 역전 주인공 마쓰다 마쓰시로(청소력 저자)는 단지 더러운 것을 치우는 행위로서의 청소가 아니라 청소를 통해 공간의 변화를 만들고 그 변화가 행복한 자장을 만들며 그 행복한 자장이 내 마음과 주변을 변화시켜 마침내 인생을 바꾸는 강력한 힘을 발휘한다고 강조한다. 즉 필요에 의해 물건을 구입하고, 깨끗이 청소하고, 적절한 위치에 물건을 수납하고, 가치가 떨어진 물건을 과감히 버려야 정리가 잘된 것이라고 할 수 있다.

한 번은 이사를 가면서 오랫동안 쓰지 않던 피아노와 가죽소파를 지인에게 선물로 준 적이 있다. 오랫동안 추억이 담긴 물건을 떠나보내는 아쉬움도 있있지만 소유한 물선을 누군가에게 준다는 것이 그 물건을 구입했을 때보다 더 큰 기쁨을 준다는 사실을 처음 깨달았다.

생각이 막혀 한발짝 앞으로 나가기 힘들 때 새로운 마음으로 다시 시작하고 싶을 때 필요한 건 무엇일까? 바로 '정리'이다. 굳이 멀리 여행을 떠날 필요도 없다. 가깝게는 주변 공간을 정리하고 쌓여 있는 서류와 파일을 처분해 보면 어떨까?

의외로 정리 때문에 스트레스를 받는 사람이 많다. 정리를 해도 해도 끝이 없는 힘든 일로만 여기는 경향이 있기 때문이다. 하지만 새봄, 새로운 기운을 맞아들이기 위해 정리는 꼭 필요한 일이다. 정리하는 인생이 성공하는 인생이다.

(2014. 3)

03

빅초이의 약속

지난 16일자 LA 타임스 스포츠 섹션은 한민족 고유의 정서인 '한(恨)'을 언급하며 최희섭 선수를 집중적으로 다뤘다. 이 기사에서는 최희섭의 가능성과 동료 선수들의 평가 등을 소개하며, 미국 주류 언론이 그에게 거는 기대와 희망이 어느 정도인지를 잘 보여주었다. 최희섭은 최초의 한인 메이저리그 타자로서, 지난해 여름 플로리다 말린스에서 LA 다저스로 이적한 이후 현재 팀 공격의 핵심으로 자리 잡아가고 있는 유망주다.

지난 2월 16일, 한국에서 동계훈련을 마친 최희섭은 LA 공항에 도착해 한인 언론과 인터뷰를 가졌다. 그는 "6번 타자로 뛸 가능성도 있다"며, "이미 2번과 3번 타순으로 출전했기에 첫 번째 약속은 어느 정도 이뤘다"고 밝혔다. 이어 "LA 다저스가 플레이오프를 거쳐 월드 시리즈를 제패할 수 있도록 힘쓰겠다"고 강조했다.

최희섭은 시즌 초반 좌완 투수가 등판할 때마다 출전 기회를 얻지 못하는 어려움을 겪었지만, 최근 눈에 띄는 활약을 펼치며 팀 내 입지를 다지고 있다. 특히 2월 시범경기에서 콜로라도 로키스를 상대로 0-1로 뒤진 5회 말 1사 만루 상황에서, 로키스 선발 제이슨 제닝스의 초구를 통타해 역전 만루홈런을 터뜨렸다. 또 5회에 기록한 3점 홈런 등 결정적인 순간마다 팀 승리에 기여하며 팬들과 지역 언론의 신뢰를 얻고 있다. 그러나 아직 그의 시즌 전체 활약을 단정짓기엔 이르다. 무더위가 시작되는 8월을 지나 시즌 후반으로 갈수록 더욱 치열한 경쟁과 심리적 부담이 기다리고 있다. 지역 언론은 "'희섭이 살아야 다저스가 산다'는 말처럼, 그에게 거는 기대는 매우 크다"고 전하고 있다.

현재 최희섭에게 가장 중요한 것은 어떤 타순에서 뛰든, 플래툰 시스템으로 출전하든 흔들림 없는 스윙과 안정된 자세를 유지하는 일이다. 이를 통해 좌익, 우익, 중견 등 방향을 가리지 않고 자유자재로 안타를 날릴 수 있는 타격감을 익혀야 한다. 이제 최희섭의 두 번째 약속, 즉 "LA 다저스가 플레이오프를 거쳐 월드 시리즈 제패까지 할 수 있도록 힘쓸 것"이라는 다짐이 지켜지기를 기대해 본다. (2005. 5)

04

기록된 꿈이 현실이 된다

사람들은 누구나 꿈을 품고 살아간다. 부자가 되는 꿈, 대학 교수의 꿈, 외교관, 대통령, 혹은 명문대학 입학의 꿈까지, 각자의 상황과 환경에 따라 꿈은 다양하게 펼쳐진다.

현재 극심한 경기침체로 인해 경제적 어려움을 겪고 있는 스몰 비즈니스 업주들에게는 하루빨리 경기가 회복되어 예전과 같은 활력을 되찾는 것이 간절한 꿈일 것이고, 대학을 졸업했지만 마땅한 일자리를 구하지 못한 취업준비생들에게는 좋은 직장을 얻는 것이 무엇보다 절실한 바람이다. 또한 안정된 직장을 가지고 있는 사람이라 할지라도 퇴직 이후의 삶에 대한 꿈과 계획을 품고 살아가는 경우가 많다.

그러나 모든 사람이 꿈을 품는다고 해서 이를 현실로 만드는 것은 아니다. 대부분은 자신이 진정 무엇을 원하는지, 어떤 방향으로 나아가야 하는지 막연한 채로 살아간다. 꿈을 현실로 바꾸기 위해서는 자신이 누구인지, 무엇을 원하는지, 그리고 어떻게 살아갈 것인지 명확하게 파악할 필요가 있다.

하버드 경영대학원이 1979년 졸업생들을 대상으로 실시한 설문조사에 따르면 졸업 당시 막연한 희망을 가진 사람은 84%, 구체적 목표를 마음에만 간직한 사람은 13%, 목표를 글로 기록한 사람은 단지 3%에 불과했다. 그러나 10년 뒤 조사 결과를 살펴보니 마음에 목표를 가진 13%는 막연한 희망만을 가진 84%보다 평균 두 배 이상의 소득을 올리고 있었다. 특히 기록된 목표를 가진 3%는 모든 면에서 다른 그룹보다 10배 이상의 성과를 나타냈다. 목표의 명확성과 구체성이 성공 여부를 가른 것이다.

베스트셀러 『가슴 뛰는 삶』의 저자 강헌구 교수는 최근 LA 한인타운에서 열린 비전 특강에서 "미래를 원하는 방향으로 바꾸고 싶다면, 비전을 글로 명확히 작성해야 한다"고 강조했다. 그는 "막연한 생각으로는 아무것도 이룰 수 없으며, 구체적이고 선명한 목표만이 실질적 결과를 만들어낸다"고 설명했다.

실제로 국내의 한 기업 CEO는 자신의 회사를 매출 10조 원 규모로 키우겠다는 목표를 하루에 열다섯 번씩 반복해 기록했다고 한다. 그는 특별한 전략회의나 외부 컨설팅 없이도 몇 개월 후 자신이 목표 달성을 위한 구체적인 방법을 찾았고, 결국 목표 달성에 대한 확신을 얻었다고 한다. 매일 비전을 반복해서 글로 쓰는 행위가 목표 달성의 핵심 전략이 된 것이다.

또 다른 기업의 CEO는 하루에 '감사합니다'라는 단어를 1,000번씩 적으며 긍정적인 마인드를 유지하고 있다. 이 회사는 불황 속에서도 매년 10% 이상의 성장을 기록했다. 이처럼 구체적인 글쓰기는 마음 속 깊은 곳에 있는 잠재 능력을 끌어내고, 삶의 태도를 긍정적으로 변화시키는 강력한 힘을 발휘한다. 강 교수는 "5년, 10년, 20년 후 자신의 모습을 구체적인 그림이나 글로 그려 놓으면 비전을 이루는 데 큰 도움이 된다"며 "간절히 원하는 자신의 모습을 구체적으로 기록하는 습관이 결국 꿈을 현실로 이끄는 힘이 된다"고 덧붙였다.

글로 표현된 명확한 비전은 현재의 고난과 역경을 이겨낼 힘과 용기를 주며, 결국 우리 모두가 꿈꾸는 삶의 모습으로 살아갈 수 있는 기반을 마련한다. (2010. 5)

05

웃어야 하는 이유

2011년이 시작된 지 엊그제 같은데, 어느덧 한 해가 저물어가고 있다. 그러나 새해를 맞이하는 사람들의 마음은 무겁기만 하다. 글로벌 금융위기가 발생한 지도 4년이 넘었지만, 경기 회복은 더디기만 하다. 한인사회도 경기침체로 인한 매출 부진으로 고통받는 이들이 늘고 있다. 그동안 미국 경제를 받쳐 주던 중산층조차도 자녀 대학 학자금 부담과 각종 물가 인상으로 생활고를 호소하고 있다. 일본 대지진과 유럽 경제위기 등 전 세계적인 불안 요소까지 더해져 미국 역시 재정적자와 고실업으로 신음하고 있다.

그렇다면 이런 상황에서 우리는 어떻게 해야 할까? 답은 의외로 간단하다. 바로 '웃음'이다. 웃음은 단순한 감정 표현이 아니라, 과학적으로도 건강과 행복을 증진하는 강력한 치료제임이 증명되었다. 한국 최초의 '웃음치료사'로 알려진 이요셉 한국웃음연구소 소장은 "웃음은 가장 강력한 자연 치료제"라며, 실제로 웃음치료를 받은 암 환자들의 생존율이 높아진 사례를 소개했다. 그는 지난 9년간 1만여 명의 암 환자를 대상으로 웃음치료를 진행한 경험을 바탕으로, 웃음이 면역력 향상과 스트레스 해소에 큰 도움을 준다고 강조했다.

이요셉 한국웃음연구소 소장은 본보가 주최한 '행복문화 만들기' 세미나에서 웃음과 행복을 주제로 강연한 바 있다. 당시 세미나에 참석했던 기자는 강연 내내 강당을 가득 메운 웃음의 열기를 아직도 생생히 기억한다. 참석자들은 불경기로 지친 몸과 마음을 오랜만에 웃음으로 달랬으며, 그 속에서 희망과 긍정을 회복하는 법을 배웠다.

미국에서도 웃음과 건강의 연관성에 대한 연구가 활발하다. '웃음학의 아버지'로 불리는 노먼 커즌스(Norman Cousins)는 50세에 강직성 척수염이라는 난치병을 진단받았으나, 하루 10분간 유머 영상을 보며 '웃기'를 시작했고, 완치율 0.2%라는 산을 넘어 극적으로 회생했다. 1년 후 그는 완치되어 웃으며 병원 복도를 걸어나갈 수 있었다. 그는 UCLA 의과대학에서 웃음과 건강의 관계를 연구하며 75세까지 강의를 진행했다. 그의 사례는 웃음이 단순한 기분 전환이 아니라, 실제로 신체 치유에 도움을 줄 수 있다는 사실을 입증했다.

한국에서도 웃음이 기적을 만든 사례가 있다. 말기 직장암 4기 판정을 받았던 한 집배원이 '웃음 배달'을 실천하며 병을 극복한 사연이다. 그는 웃음치료사 자격증을 취득한 후, 지역 주민과 환자들에게 웃음을 전하는 봉사 활동을 지속했다. 결과적으로 그의 건강 상태는 크게 호전되었고, 현재는 건강한 삶을 이어가고 있다.

웃음 효과는 정신 건강에 국한되지 않는다. 신체 건강에도 직접적인 영향을 미친다. 연구에 따르면, 10초 동안 크게 웃으면 노 젓기 3분을 한 것과 동일한 운동 효과가 있고, 15초 동안 박장대소를 하면 100미터 전력 질주와 같은 에너지를 소비하며, 1분간 웃으면 윗몸 일으키기 25회를 한 것과 같은 운동량을 소모한다고 한다. 그러니 웃음도 운동이다. 다른 운동과 마찬가지로 연습이 필요함은 물론이다. 웃기로 결심하고 100일 동안 꾸준히 웃음 연습을 하면 자연스럽게 웃을 수 있다. 웃다 보면 껄끄러웠던 인간 관계도 회복될 수 있다.

 많은 사람들이 "웃을 일이 없는데 어떻게 웃느냐"고 반문한다. 하지만 웃음은 감정이 아니라 선택이다. 연구에 따르면, 억지로라도 웃으면 뇌가 이를 실제 감정으로 인식하여 스트레스가 감소하고 행복 호르몬이 분비된다고 한다. 따라서 웃음 연습을 꾸준히 하면 점점 더 자연스럽게 웃을 수 있으며, 긍정적인 사고방식을 형성하는 데도 도움이 된다. 윌리엄 제임스(William James)는 "우리는 행복하기 때문에 웃는 것이 아니라, 웃기 때문에 행복해진다"라고 말했다. 삶이 어렵고 힘들수록 우리는 웃어야 한다. (2011. 12)

06

자녀의 행복, 부모의 행복

한인 학부모들에게 미국으로 이민을 결심한 이유를 묻는다면 십중팔구는 "자녀 교육"을 꼽는다. 이에 대한 정확한 통계자료는 없지만, 자녀 교육 문제가 경제적 이유를 압도하는 것은 분명한 사실이다.

미주 지역은 한국에 비해 대학입시 경쟁이 덜한 편이지만, 한인 학부모들의 교육열은 유대인 못지않다는 평가를 받는다. 매년 4월이면 아이비리그를 비롯한 명문대 합격 수기가 신문의 지면을 장식하지만, 대학 진학에 실패한 학생과 학부모들의 실망감도 적지 않다.

지난해 하버드대에 재학 중인 한인 학생이 캠퍼스 내 폭탄이 설치되었다는 허위 신고를 해 논란이 일었다. 해당 사건으로 기말고사가 취소되며 학교는 큰 혼란에 빠졌다. 수사 결과, 이는 김 모 씨가 극심한 시험 스트레스로 인해 저지른 허위 제보로 밝혀졌다. 세계 최고 대학에 입학했다는 기대 속에서 시작된 그의 대학 생활은 결국 중대한 법적 문제로 이어졌다.

이러한 사건은 명문대 진학이 곧 행복을 보장하는 것은 아니라는 점을 시사한다. 대학 졸업 이후에도 취업, 결혼, 자녀 양육 등 인생의 과제는 끊임없이 이어진다. 한국에서는 입시경쟁이 치열하며, 일부 학생들은 명문대 입학이 인생의 모든 문제를 해결해 줄 것이라 착각한다. 하지만 치열한 경쟁 속에서 성적 비관으로 인해 극단적 선택을 하는 학생들의 안타까운 소식도 종종 전해진다. 미국 또한 명문대 입시경쟁이 점점 치열해지는 양상을 보이고 있다.

명문대 졸업이 행복을 보장하는가에 대한 의문은 통계적으로도 확인된다. 최근 갤럽이 미 전역에서 대학 졸업자 3만 명을 대상으로 실시한 설문 조사에 따르면, 명문대 출신이 더 행복한 삶을 사는 것은 아니라는 결과가 나왔다.

부모라면 누구나 자녀가 행복하게 살기를 바란다. 명문대 입학에 집착하기보다는 자녀가 진정으로 좋아하고 잘하는 일을 찾도록 돕는 것이 자녀의 행복을 위한 지름길이다. 그러나 현실에서는 많은 아이들이 자신의 꿈과 목표를 명확히 설정하지 못한다. "장래 희망이 무엇이냐?"는 질문에 대답을 망설이거나, 아예 목표가 없다고 답하는 경우도 적지 않다. 자녀의 미래를 설계하는 첫 단계는 그들이 좋아하는 것이 무엇인지 파악하는 것이며, 그중에서도 두각을 나타낼 수 있는 분야를 찾는 것이 중요하다. 자녀의 적성을 찾기 위해서는 다양한 방법이 있다. 일상에서 관심 있는 활동을 관찰하는 것이 기본이며, 보다 구체적인 접근법으로 적성검사를 활용할 수도 있다. 오는 9월 6일 남가주 사랑의 교회에서 열리는 한국일보 주최 제5회 칼리지 엑스포에서는 UC 및 명문 사립대학 박람회와 함께 적성검사 세션이 진행될 예정이다. 이 검사는 자녀가 올바른 전공과 직업을 선택하는 데 실질적인 도움을 줄 것으로 기대된다. 또한, 명문대 입학사정관들이 최신 입시 정보를 제공하고, 개정된 SAT와 공통학습 기준의 영향에 대한 강연도 함께 열린다.

다만, 적성검사가 모든 문제를 해결해 주는 만능 도구는 아니다. 학생 스스로 자신의 적성을 찾으려는 노력이 필요하며, 부모의 관심과 조언이 병행되어야 한다. 또한, 인턴십이나 커뮤니티 봉사 활동 등을 통해 적성검사 결과와 실제 경험이 일치하는지 확인하는 과정도 필수적이다.

자녀가 결과에 연연하지 않고 인생의 과정 자체를 즐기고 만족할 수 있도록 지도하는 것은 부모의 역할이다. 부모는 자녀의 인생을 대신 살아줄 수는 없지만, 멘토로서 방향을 제시할 수 있다. 자녀가 성장하여 부모 곁을 떠난 후 후회하지 않으려면, 지금 그들이 원하는 일을 찾을 수 있도록 도와야 한다. 한인사회의 미래 또한 자녀들의 행복에 달려 있다. 자녀가 행복할 때 부모도 행복해지고, 결국 한인사회 전체가 건강하고 밝은 미래를 향해 나아갈 수 있을 것이다. (2014. 8)

07

인성이 먼저다: 학벌보다 중요한 가치

올해 초, 미국 사회를 충격에 빠뜨린 사건이 발생했다. 미국 아이비리그 명문대인 프린스턴대를 졸업한 30대 남성이 부친을 총격 살해한 혐의로 체포된 것이다. 피해자는 월스트리트의 유명 헤지펀드 설립자인 토머스 길버트(70)로, 용의자인 아들 토머스 길버트 주니어(30)는 부친이 용돈을 줄이고 아파트 렌트 지원을 중단하려 하자 격분해 범행을 저질렀다고 현지 언론은 보도했다.

경제적으로 유복한 환경에서 성장하고 명문대를 졸업한 아들이 왜 이토록 극단적인 선택을 했을까? 표면적으로는 이해하기 어려운 사건이지만, 이는 부모가 자녀의 인성 교육을 소홀히 했을 가능성을 시사한다.

많은 부모는 자녀가 명문대를 졸업하고 안정적인 직장에 취업한 후 좋은 배우자를 만나 행복한 삶을 사는 것을 이상적인 성공으로 여긴다. 이에 따라 학업 성취에 집중하며, 자녀가 좋은 대학에 입학할 수 있도록 전력을 다한다. 그러나 오늘날 명문대 졸업이 취업을 보장하는 시대는 지났다. 기업들은 단순한 학벌보다 인성과 품성을 갖춘 인재를 선호하는 경향이 강해지고 있다.

대학 입시 또한 마찬가지다. 단순히 학업 성적과 과외활동에서의 우수성을 평가하는 것이 아니라, 학생의 인성과 사회적 기여도를 중요한 요소로 반영한다. 실제로 하버드대 조기 전형에 합격한 한 한인 학생의 사례를 보면, 그의 학업 성적뿐만 아니라 지역 사회에서 보여준 봉사 정신과 도덕성이 주요 평가 요소로 작용했음을 알 수 있다.

입학 사정관들은 스펙이 좋은 학생보다 인성이 바른 사람을 원한다. 이는 기업에서 원하는 인재상이기도 하다.

부모들은 자녀의 대학 입시 지도뿐 아니라 인성 교육에도 관심을 기울여야 한다. 인성은 단기간에 습득할 수 있는 것이 아니다. 오랜 시간에 걸쳐 형성된 가치관과 세계관이 바탕이 되어야 한다. 이는 학교나 사회에만 맡길 문제가 아니다.

자녀는 부모의 모습을 보며 성장한다. 부모가 도덕적 책임의식을 생활 속에서 실천할 때, 자녀는 자연스럽게 이를 배우고 내면화한다. 대부분의 부모들은 자녀가 좋은 대학에 진학하고 안정적인 직장을 구하는 것이 최우선 과제라고 생각하지만, 이에 못지않게 중요한 것이 바로 인생의 가치관을 심어주고 사회성을 길러주는 일이다.

부모와 자식의 관계는 단순한 경제적 부양을 넘어선다. 부모는 자녀가 인생의 의미와 진정한 가치관을 깨달을 수 있도록 꾸준한 대화를 통해 지도해야 한다. 이러한 과정에서 자녀는 책임감과 리더십을 갖춘 사회 구성원으로 성장할 수 있다.

 마틴 루터 킹 목사는 "지성에 인성이 더해지는 것이 진정한 교육의 목표"라고 강조했다. 경쟁이 치열한 현대 사회에서 성공을 위한 노력은 필수적이지만, 사회는 강자와 약자가 공존하는 공동체라는 사실도 잊어서는 안 된다. 혼자만의 성공과 행복이 아닌, 사회적 의무를 다하고 함께 살아가는 삶의 의미를 깨닫는 것이 더욱 중요하다. 부모의 역할은 이러한 가치를 자녀에게 전달하고, 그들이 역경을 이겨낼 수 있는 힘을 키워주는 것이다. 인성 교육이야말로 진정한 성공의 열쇠다.

(2015. 1)

08

가슴이 시키는 일
―진로 선택의 본질에 대하여

자녀를 둔 부모라면 누구나 한 번쯤은 깊은 고민에 빠진다. 아이가 어떤 전공을 선택해야 할지, 어떤 길로 나아가야 할지, 그 결정의 순간은 늘 어렵고도 조심스럽다.

언론은 해마다 명문대 진학에 성공한 한인 학생들의 이야기로 지면을 장식한다. 그러나 그 화려한 입학 이후의 여정, 졸업과 진로, 그리고 삶의 만족도는 좀처럼 다뤄지지 않는다. 실제로 사무엘 김 박사의 연구에 따르면, 아이비리그를 포함한 14개 명문대에 진학한 한인 학생 중 약 44%가 학업을 중도에 포기하고 있다. 이는 미국 평균 중퇴율인 34%보다 높고, 인도계(21.5%), 중국계(25%)보다도 월등히 높은 수치다.

그 원인은 복합적이다. 특히 한인 학생들의 경우, 학업 성취에 치중한 교육방식이 정서적 균형과 자기 탐색의 기회를 제한한 결과로 해석된다. 미국 학생들이 비교적 균형 잡힌 학습과 활동을 병행하는 반면, 한인 학생들은 공부에 75% 이상의 시간을 사용한다. 결과적으로

| 49

대학에 입학한 이후, 자기 정체성과 진로에 대한 방향을 상실한 채 방황하는 경우가 적지 않다.

최근 대학생들을 대상으로 한 진로 상담 수요가 급증하고 있다. 전공 변경, 인턴십 기회 탐색, 대학원 진학 여부 등 구체적이고 실질적인 고민들이 상담의 주요 주제다.

고등교육 이전까지 입시에 집중된 교육 환경이 학생들로 하여금 진학 이후의 경로에 대한 충분한 준비 없이 대학에 입학하도록 만든 구조적 문제를 반영한다. 교육의 목표가 단순한 대학 진학이 아니라, 장기적인 진로 설계와 삶의 방향성 설정에 맞춰져야 함을 보여주는 대목이다.

한인사회에는 여전히 의사, 변호사, 약사, 엔지니어와 같은 안정된 전문직 선호 경향이 강하다. 그러나 진정한 성공은 '무엇이 되느냐'보다 '무엇을 하며 살아가느냐'에 달려 있다. 어느 변호사는 한때 의대를 준비하다 자신의 적성이 법에 있다는 사실을 깨닫고 진로를 변경해 만족스러운 삶을 살고 있다. 또 한 학생은 대학 졸업 후 진로를 찾지 못하다가 우연히 시작한 보험회사 업무에서 타인과의 소통에 매력을 느끼고 간호사의 길을 걷기 시작했다. 군 복무 후 웨스트포인트에서 전기공학을 전공하게 된 학생의 사례 역시, 진로란 단선적이지 않음을 보여준다. 부모라면, 자녀가 진정으로 어떤 삶을 살고 싶어 하는지 유심히 살펴보아야 한다. 적성검사나 상담을 통해 객관적인 정보를 제공하되, 결정은 자녀 스스로 할 수 있도록 충분한 시간과 공간을 주어야 한다. 자녀가 방황하는 듯 보여도, 그 시간 속에서 자아를 탐색하고 길을 찾는 법이다.

'가슴이 시키는 일'은 단순한 감정의 충동이 아니다. 오랜 고민과 성찰 끝에 남는 진정한 목소리이며, 삶을 지속 가능하게 하는 내면의 에너지다. 그것이 무엇이든 좋다. 음악이든 간호든, 연구든, 창업이든, 그 일이 자녀를 살게 하고 빛나게 한다면, 그 자체로 충분한 이유가 된다.

자녀가 자신의 가슴을 따르는 선택을 통해 진정한 커리어를 발견한다면, 그 행복은 개인을 넘어 가정과 사회 전체로 확산된다. 'Follow your heart.' 이 단순한 문장이야말로, 오늘을 살아가는 우리에게 가장 진지한 조언이 아닐 수 없다. (2016. 7)

09

직업 선택의 기준
－무엇이 되느냐보다 어떻게 살 것인가

최근 발표된 조기전형 결과를 두고 한쪽에서는 아쉬움, 다른 한쪽에서는 환호가 교차한다. 하버드에 들어갈 충분한 조건을 갖춘 학생이 불합격 통보를 받고, 기대하지 않았던 학생이 꿈꾸던 대학의 문을 여는 것. 아이비리그 입학은 여전히 쉽지 않다. 미국은 물론 세계 각국에서 인재들이 몰려드는 경쟁의 장이기 때문이다.

한인 학부모들은 자녀를 명문대에 보내기 위해 오랜 시간 공을 들인다. 조기 교육, 스펙 관리, 입시 전략까지 치열한 준비가 이어진다. 그러나 많은 경우, 대학 입학 이후의 삶에 대한 진지한 고민은 그다지 중요하게 여겨지지 않는다. 일단 좋은 대학에 보내놓고 나면 인생이 자동으로 풀릴 것이라는 기대가 여전히 자리하고 있는 까닭이다.

하지만 시대는 달라졌다. 명문대 진학이 곧 성공을 보장하던 시대는 지나가고 있다. 좋은 대학에 합격했다고 방심하는 사이, 자녀가 전공에 회의감을 느끼고 방황하다가 졸업반이 되고, 졸업 후에도 마땅한 일자리를 찾지 못해 아르바이트를 전전하는 현실은 이제 낯설지 않다. 때로는 부모의 비즈니스를 마지못해 이어받기도 한다. 반면, 자신의 적성과 흥미를 조기에 파악하고 체계적으로 준비해온 학생은 상대적으로 높은 만족도를 보이며 진로를 안정적으로 설계해 나가는 경향이 있다.

대학 졸업장이 곧 취업을 보장하던 시대는 끝났다. 실무 경험과 전문성, 그리고 무엇보다 '자기 이해'가 중요해진 지금, 직업을 결정하는 기준 역시 달라져야 한다. 중고등학생 시기부터 자신의 흥미와 적성, 가능성을 진지하게 탐색하고, 그에 맞는 공부와 경험을 병행하는 것이 필요하다.

UC 계열 대학을 졸업한 한 학생은 1학년 여름부터 IT 기업에서 인턴을 시작해 꾸준히 실무를 쌓았고, 졸업과 동시에 정규직 제안을 받았다. 반면 진로 탐색없이 흘러가는 시간 속에 적성과 거리 먼 전공을 선택한 학생은 취업 전선에서 반복된 좌절을 경험한다. 인턴십은 대학 입학에도 도움이 되지만, 무엇보다 자기 자신을 더 깊이 이해하게 만드는 중요한 기회다.

따라서 교육은 공부와 직업을 유기적으로 연결하는 구조를 지향해야 한다. 진로 설계 없는 입시 중심 교육은 졸업 이후의 혼란으로 이어지기 쉽다. 학부모는 자녀가 어릴 때부터 '나는 어떤 일을 하며 살아야 행복할까'라는 질문을 던지고 스스로 답을 찾아갈 수 있도록 도와주어야 한다.

2013년 칼리지 엑스포에서 진행한 적성검사에 1,000여 명의 학생이 몰린 것은, 부모들 사이에서도 자녀의 적성과 진로에 대한 관심이 커지고 있다는 방증이다. 그러나 그 관심이 단지 "어떤 직업이 안정적인가"에만 머물러서는 안 된다. '내 아이가 무엇을 잘하고, 어떤 일에서 보람을 느끼는가'를 함께 고민해야 한다.

한국 거창고등학교 강당에 걸린 '직업선택 십계명'은 우리에게 다시금 본질적인 질문을 던진다. 월급이 적은 쪽을 택하라, 내가 원하는 곳이 아닌 나를 필요로 하는 곳으로 가라, 한가운데가 아닌 가장자리로 가라. 승진이나 명예가 아니라 의미와 소명으로 직업을 대하라는 메시지다. 지금의 취업 시장에서는 납득하기 어려운 조언일 수 있지만, '무엇이 되느냐'보다 '어떻게 살 것인가'를 물어야 할 시점에 우리는 와 있다.

직업 선택은 단지 생계를 위한 수단이 아니라, 인생의 가치와 방향을 결정짓는 근본적인 선택이다. 자녀가 자신의 적성과 소명을 발견하고, 그에 맞는 길을 찾아가는 과정은 곧 자기실현의 여정이자 진정한 한 인간으로의 독립의 출발점이다. 이 여정의 동반자로서 부모는 단순한 조언자가 아니라, 자녀가 스스로 선택할 수 있도록 신뢰와 지지를 보내는 조력자여야 한다. 결국 어떤 직업을 선택하느냐보다, 그 선택을 통해 어떤 삶을 살아가느냐가 더 중요하다. 그것이 곧 행복하고 지속가능한 인생의 시작점이기 때문이다. (2017. 1)

10

문제는 교육이야, 바보야!

콜로라도주 덴버 외곽에 위치한 오로라 시는 대형 한인 마켓과 은행, 교회, 스몰 비즈니스가 밀집한 한인타운으로 많은 한인이 거주하는 지역이다. 그러나 이 평온한 도시에 2012년 7월 20일, 충격적인 총기난사 사건이 발생했다. 오로라 타운센터 내 센추리 16 극장에서 영화 관람 중이던 관객들을 향해 총기를 난사한 이는 당시 콜로라도 의과대학을 휴학 중이던 남가주 출신 제임스 홈스였다. 이 사건으로 12명이 사망하고 58명이 부상을 입었으며, 그 중에는 한인 유학생도 포함되어 있었다.

지난 2월 중순, 덴버를 방문했을 때 충격 사건이 벌어졌던 오로라 영화관을 직접 찾았다. 영화관은 아무 일도 없었던 것처럼 일상으로 복귀한 듯했다. 그러나 이곳에서 벌어진 비극은 지금도 지역 사회의 기억 속에 생생히 남아 있다. 한때는 희생자들을 기리는 조형물을 세우자는 논의도 있었다. 하지만 유족들을 배려해 별다른 조치는 이루어지지 않았다. 이 사건은 1999년 리틀턴 시 컬럼바인 고등학교 총기

난사 이후, 콜로라도에서 벌어진 두 번째 대규모 참사였다.

2007년 버지니아 공대에서 조승희가 벌인 총기난사 사건, 2012년 코네티컷 뉴타운 샌디훅 초등학교에서 아담 란자가 저지른 참극 역시 미국 사회에 깊은 충격을 안겼다. 특히 샌디훅에서는 어린이 20명과 교직원 6명을 포함해 총 28명이 목숨을 잃었다. 당시 오바마 대통령은 눈물을 보이며 "아이들의 미래가 사라졌다"고 애도했다.

충격 사건이 발생할 때마다 미국 사회는 어김없이 총기 규제와 수정헌법 2조를 둘러싼 첨예한 논쟁에 휩싸인다. 행정부는 보다 강력한 총기 규제 법안을 추진하지만, 시간이 지나면 이내 여론의 관심은 식고, 입법은 무산되기 일쑤다. 2억 5천만 정이 넘는 총기가 유통되는 미국 사회에서 규제만으로 참사를 막을 수 있을까?

물론 총기 규제가 느슨한 것보다는 엄격한 쪽이 분명히 낫다. 그러나 근본적인 문제는 따로 있다. 단순한 제도적 접근만으로는 총기 범죄의 뿌리를 뽑을 수 없다. 이제는 '왜'라는 질문을 던져야 할 때다. 왜 젊은이들이 총을 들게 되었는가? 왜 이들은 세상과 단절되고 고립되었는가?

전문가들은 반복되는 총기 난사 사건의 공통점으로 '문제적 성장 배경'을 지목한다. 가정 내 단절, 정서적 방임, 외로움, 게임 중독 등이 범인의 공통된 모습이다. 부모는 아이를 '좋은 사람'보다는 '잘난 사람'으로 만들기 위해 경쟁에 내몬다. 사랑보다는 성과를, 공감보다는 성취를 요구받는 청소년들은 점점 외로운 괴물이 되어간다.

오로라 사건의 범인 제임스 홈스는 UC 리버사이드를 우수한 성적으로 졸업하고 장학생으로 의대에 진학한 엘리트였다. 샌디훅의 아담 란자는 대학 조기 입학 후 적응하지 못해 자퇴하고, 자폐 성향과 불안으로 고립된 삶을 살았다. 그의 어머니는 아들의 불안을 이해하기보다 사격장으로 데려가 총기 다루는 법을 가르쳤고, 아들은 그 총으로 어머니와 아이들을 죽였다. 비극은 그렇게, 교육의 이름 아래 자행되었다.

어떤 이들은 해법으로 '학교에 더 많은 총을 들여야 한다'는 주장을 하기도 한다. 어이없는 논리다. 사회가 갈등의 안전판이 되지 못할 때, 사람은 무기를 든다. 그리고 지금의 미국은 개인에게 자동소총까지 팔 수 있는 사회다.

1992년 미국 내선에서 빌 클린턴 후보는 "문제는 경제야, 바보야(It's the economy, stupid)"라는 구호로 백악관 입성에 성공했다. 지금 미국이 직면한 가장 시급한 문제는 총기가 아니다. 총기는 증상일 뿐, 병의 원인은 따로 있다. 그래서 지금, 우리는 외쳐야 한다.

"문제는 교육이야, 바보야(It's the education, stupid)."　　　　(2013. 3)

11

음악의 힘

비발디의 '사계'를 듣는 것과 연주하는 것은 전혀 다른 경험이다. 감상만으로도 음악교육이 될 수 있지만, 직접 악기를 연주하는 것은 더 깊은 학습 효과와 인생의 폭을 넓히는 기회를 제공한다. 한평생을 살며 전문지식을 갖추고, 외국어를 구사하고, 악기를 연주할 수 있다면 그 인생은 더욱 풍요로워진다.

영화 '피아니스트'는 유대계 폴란드 피아니스트 브와디스와프 스필만의 실화를 다룬다. 2차 세계대전 중, 그는 피아노를 통해 생존한다. 독일 장교에게 발각됐을 때, 그는 피아니스트였다고 말한다. 장교는 피아노를 연주해보라고 요구하고, 스필만은 불안한 심정으로 쇼팽의 '발라드 1번'을 연주한다. 연주를 들은 장교는 떠나고, 긴장이 풀린 그는 눈물을 흘린다. 피아노가 그의 생명을 구한 것이다.

지난 5월부터 7월까지 기자는 본보 교육 섹션을 통해 '초등학생 음악교육' 시리즈를 연재하며, 음악이 암기력과 학습법 향상, 가족 소통에 긍정적인 영향을 준다는 점을 조명한 바 있다.

음악은 단지 취미가 아니다. 과외활동으로 음악을 선택한 학생들이 명문대에 합격하는 사례는 음악이 두뇌 발달에 도움을 준다는 것을 보여준다. LA 코리안 유스 오케스트라에서 활동한 리처드 조(피아노)와 김치영(바이올린) 학생은 하버드대에 동시 합격했다. 두 학생은 초등학교부터 12학년까지 오케스트라 활동을 꾸준히 이어갔다.

박창규 씨(72)는 한미은행 이사장을 지냈고, 현재 한국 전통음악 진흥회 이사장으로 활동 중이다. 그는 20여 년간 판소리 '창'에 몰두하며, 창을 할 때면 무욕의 세계에 빠져들고 무아지경의 카타르시스를 느낀다고 말한다. 음악은 노년층에게도 자아 존중감과 성취감을 안겨준다.

한인교회에서 10년 넘게 찬양대를 지휘하고 있는 앤드류 김 씨의 세 자녀는 모두 음악을 전공했다. 장녀는 성악, 아들은 사운드 엔지니어링, 차녀는 음악 저널리즘을 공부 중이다. 김 씨는 "아이들이 의사나 변호사보다 자신이 사랑하는 분야에서 일하고 있다는 점에서 만족스럽다"고 말한다. 이 가족은 음악을 통해 세대 차를 극복하고 가족 간의 사랑도 돈독히 하고 있다.

영화 '사운드 오브 뮤직'은 음악의 힘을 보여주는 대표적인 사례다. 수녀 마리아는 군대식 교육에 익숙한 아이들에게 노래를 가르친다. 음악은 어머니 없이 자란 아이들의 정서를 회복시키는 통로가 되었고, 결국 가족은 노래로 하나가 된다.

K-Pop은 이제 세계적 현상이다. 싸이의 '강남스타일', 소녀시대 등

은 전 세계에서 인기를 끌며 한류를 달구고 있다. 이들은 모두 '한국일보 할리우드보울 음악대축제'를 거쳐 간 주인공들이다. 올해 11회를 맞은 이 축제는 한인사회가 음악으로 하나 되는 자리이자, 한류가 세계로 뻗어나가는 구심점 역할을 해왔다. 불경기 속에서도 2만여 명의 한인이 모여 음악의 열기를 나누며 삶의 에너지를 얻는다.

 음악은 단순한 소리가 아니다. 그것은 마음을 움직이고, 삶의 방향을 바꾸며, 끝내 우리를 다시 일어서게 만드는 위대한 힘이다.

(2013. 7)

12

행복은 성적순이 아니잖아요!

오바마 미 대통령은 기회 있을 때마다 "한국 학생들은 비디오 게임이나 TV를 보는 대신 수학과 과학, 외국어를 공부하며 경쟁력을 키운다"고 강조해 왔다. 한국의 뜨거운 교육열은 그의 연설에서 자주 언급되며 전 세계적인 주목을 받았다. 실제로 한국은 글로벌 경기침체 속에서도 무역규모 순위를 8위로 끌어올리며 경제적으로 괄목할 만한 성장을 이뤘다. 이러한 초고속 경제 성장에는 부모들의 뜨거운 교육열이 큰 역할을 했다는 평가가 따른다.

그러나 한국의 교육열이 늘 긍정적인 모습만을 보이는 것은 아니다. 최근 한국에서 SAT 시험문제가 유출되어 시험이 전격 취소되는 사건이 발생했다. 시험 주관처인 미국 칼리지보드는 "한국에서 5월과 6월에 출제될 예정이었던 시험문제 일부가 사전에 유출되었다"며 시험의 공정성을 위해 취소가 불가피했다고 설명했다. 이에 월스트리트 저널, 타임지, CBS 등 미 주요 언론들은 한국의 교육열이 국제적인 비판을 받는 계기가 되었다고 보도했다.

1989년 개봉된 한국 영화 '행복은 성적순이 아니잖아요'는 이러한 현실을 여실히 보여준다. 영화에서는 부모의 과도한 기대와 성적에 대한 강박으로 인해 한 여고생이 7등으로 밀려났다는 이유로 극단적인 선택을 하는 장면이 나온다. 2011년에는 수재들만 모이는 한국 대학 카이스트에서 학생 4명이 성적을 비관해 연이어 자살하는 사건이 발생했고, 뒤이어 한 교수가 자살하며 큰 충격을 주었다. 그럼에도 불구하고 사회는 "일류대를 갔으면 행복해야 하는데, 왜 죽었을까?"라는 반응을 보이며 이들의 선택을 쉽게 이해하지 못했다.

　교육열이란 말 그대로 교육에 대한 열정이다. 그러나 한국에서는 지나친 교육열로 인해 학생과 학부모가 모두 병들어가고 있다. 한국 부모들은 자신이 이루지 못한 꿈을 자녀를 통해 이루려는 경향이 강하다. 또한 자녀의 학벌이 부모의 사회적 지위와 연결된다고 여기기도 한다. 이런 분위기 속에서 일류 대학 합격은 신분 상승을 의미하게 되었고, 시험 부정과 문제 유출 같은 부작용이 발생하는 것이다.

　이러한 현상이 반복되는 근본적인 원인은 무엇일까? 그것은 바로 '잘 사는 것'에 대한 개념이 제대로 교육되지 않았기 때문이다. 청소년들에게 '잘 사는 것'은 단순한 성공이 아니라 공동체 속에서 조화롭게 살아가는 것임을 가르쳐야 한다. 그러나 현실에서는 오직 경쟁에서 승리해야만 살아남을 수 있다는 강박이 주입되고 있다. 이제는 이러한 교육 방식에 대한 반성과 개선이 필요한 시점이다.

　한국에서 교육을 받고 미국으로 이민 온 기성세대들은 "공부를 잘

해야 성공하고, 일류 대학을 나와야 좋은 직장을 잡으며, 좋은 배우자를 만나야 행복하다"는 믿음을 가졌다. 학업은 삶의 질을 높이는 중요한 요소다. 그러나 미래의 성공만을 좇다 보면 현재의 행복을 놓치기 쉽다.

엘리자베스 퀴블러 로스와 데이비드 케슬러가 공저한 '인생수업'에서는 이러한 삶의 태도에 대해 경고한다. 책에서는 "우리는 특정한 일이 일어나면 행복해질 것이라고 기대하며 미래를 좇는다. 하지만 원하는 일이 이루어져도 진정한 행복을 느끼지 못하는 경우가 많다. 결국, 중요한 것은 미래의 행복을 기다리는 것이 아니라, 현재의 순간에서 행복을 찾는 것이다"라고 말한다.

일류 대학, 명문 직장, 높은 학벌이 진정한 행복을 보장할까? 삶의 가치는 경쟁의 결과가 아니라 현재를 충실히 살아가는 데서 온다. 행복은 미래가 아니라 지금 이 순간, 우리가 선택하고 만들어가는 것이다. (2013. 5)

13

생명을 남기고 간 사람

지난 2월 5일, 오렌지카운티 미션 비에호 시에 거주하던 40대 한인 펀드매니저 제임스 전(한국명 전훈) 씨가 독감으로 사망했다는 소식은 많은 이들의 가슴을 안타깝게 했다. 웨스트포인트 출신으로 학창시절 풋볼 선수로도 활약했던 그는 건장한 체격의 소유자였다. 그러나 독감 진단 이후 증세가 급격히 악화되었고, 일주일 만에 병원에서 눈을 감았다.

그러나 그의 죽음은 한 편의 아름다운 이별로 기억되고 있다. 생전에 장기기증 등록을 해두었던 그는 마지막 순간, 여섯 명의 생명을 살리는 선물을 남기고 세상을 떠났다. 그의 모친 전정희 씨는 "훈이가 10년 전, 혹시라도 큰 병이 생기면 자신의 장기를 꼭 기증해 달라고 부탁했다"고 전했다. 그러나 뇌사자의 장기기증은 가족의 동의없이는 이뤄질 수 없다. 결국 전 씨의 부모와 형제는 눈물을 머금고 아들의 마지막 뜻을 따랐다.

병원을 나서는 순간, 헬리콥터 여러 대가 장기 이식을 위해 병원 옥상에 착륙하는 장면을 보며, 전정희 씨는 "차라리 나를 먼저 데려가고 우리 아이를 살려달라"고 간절히 기도했다고 회상했다. 전 씨의 장례식에는 웨스트포인트 출신 동기들과 코치, 풋볼 선수 등 600여 명이 참석해 그의 희생과 용기를 추모했다. 그의 유골은 오는 7월, 모교의 풋볼 경기장 인근에 안장될 예정이다.

캘리포니아 주에는 현재 약 11만 4,000명이 장기이식을 기다리고 있다. 하루 평균 22명이 장기를 제때 받지 못해 숨지고 있으며, 특히 신장 이식 대기기간은 평균 7~10년에 이른다.

9년의 투병 끝에 교통사고로 숨진 18세 기증자로부터 신장을 이식받은 LA 거주 베니 장 씨, 13년의 간경화 투병 끝에 4세 유아의 간을 이식받고 기적적으로 살아난 뉴저지 남재신 목사의 사례도 장기기증의 의미를 되새기게 한다. 남 목사의 부인 김현주 사모는 "생명을 살리는 기적은 사랑에서 비롯된다"며 기증자 가족에게 감사의 뜻을 전했다.

2002년에는 글렌데일 거주 김현숙 씨가 간암 진단을 받고 절망 속에 있던 중, 기자의 기사(미주한국일보 2001년 12월 25일자)를 읽고 감동한 한인 존 김 씨가 간의 절반을 기증해 김 씨의 생명을 살렸다. 수술 후 삶과 생업에 영향을 받았지만, 김 씨는 "단 한 생명을 살릴 수 있다면 후회는 없다"고 담담히 말했다. 그 기사 이후 20여 명의 한인들이 도움을 주고 싶다고 연락해 왔다는 사실은 여운을 남긴다.

삶을 살아가며 '이웃 사랑'이라는 말을 수없이 하지만, 실제로 삶과 죽음을 통해 사랑을 실천하는 이들은 얼마나 될까. 제임스 전 씨는 한 알의 밀알이 되어 많은 생명을 살렸고, 그의 이야기는 '가치 있는 삶'이 무엇인지 다시금 우리에게 묻고 있다.

  기자 또한 이번 일을 계기로, 해마다 차량 등록 갱신 때 장기기증란에 서명함으로써 불의의 사고 시 다른 생명을 살릴 수 있는 작지만 의미 있는 실천에 동참하기로 했다. 우리의 작은 선택이 누군가에겐 생명을 주는 기적이 될 수 있다. (2018. 4)

14

말하는 대로 된다

2019년 기해년 새해가 밝았다.

매년 연초가 되면 LA 한인상공회의소가 주최하는 신년하례식이 열린다. 한인타운의 경제를 이끄는 지도급 인사들이 한자리에 모여 덕담을 나누고, 희망찬 새해를 기약하는 자리다. 올해 하례식 역시 "새해 복 많이 받으세요", "건강하고 행복하세요", "부자 되세요" 등의 인사말이 오가며 훈훈한 분위기가 연출됐다.

특히 1월 3일 열린 신년하례식에는 지역 내 7개 은행장이 모두 참석하는 이례적인 모습을 보였다. 뱅크 오브 호프의 케빈 김 행장은 축사에서 "연초부터 애플 악재와 미중 무역분쟁 등으로 경제 상황이 불확실하지만, 한인 은행과 기업들이 힘을 모은다면 위기를 슬기롭게 극복할 수 있다"며, "한인 스몰비즈니스의 지지 덕분에 오늘의 성장이 가능했다"고 강조했다.

오픈뱅크 민 김 행장은 기조연설에서 "한때 문을 닫을 위기까지 갔던 오픈뱅크가 '나눔'의 가치에 집중하면서 커뮤니티에 선한 영향력을 미칠 수 있었다"며, "위기의 순간일수록 기업은 비전과 존재 이유를 되새겨야 한다"고 말했다.

이날 한 비즈니스맨은 한인 은행들에 신용대출 확대를 요청했고, 이에 CBB 은행의 조앤 김 행장이 긍정적으로 화답했다. 상의 이사들과 경제단체장들도 상생과 화합의 덕담을 나누며 한인사회의 발전을 기원했다.

하지만 올 한 해를 둘러싼 정치, 경제, 사회의 환경은 그리 녹록지 않다. 트럼프 대통령이 추진한 멕시코 국경장벽 예산안을 둘러싼 공화당과 민주당의 갈등으로 연방정부 셧다운 사태가 장기화되고 있고, 비상사태 선언 가능성까지 거론되고 있다. 미중 무역 갈등과 글로벌 경기 둔화로 주식시장도 출렁이고 있다. LA 시와 카운티는 7월 최저임금 인상을 예고하고 있어 스몰 비즈니스 업주들의 부담은 가중될 전망이다. 실제로 연말 경기 악화 여파로 다운타운에서는 폐업 소식이 속출하고 있다.

희망이 보이지 않는 현실. 그러나 한 은행의 광고문구처럼 "2019년 돼지해, 희망 하나면 되지"라는 문장처럼 지금 우리에게 가장 필요한 것은 바로 '희망'이다. 희망보다 좋은 약은 없다. 반대로 절망은 독이 된다. 절망 대신 희망을 말하고, 생각하고, 행동하는 것이 위기를 이겨내는 첫걸음이다.

긍정적인 언어는 뇌를 움직이고, 뇌는 상상력을 행동으로 이끈다. 인생은 말하는 대로 흐른다. 영국 작가 찰스 리드는 "생각은 말이 되고, 말은 행동이 되며, 행동은 습관이 되고, 습관은 성격이 되어 운명이 된다"고 말했다.

생각이 입버릇을 만들고, 입버릇이 다시 생각을 지배한다. 성공하는 사람은 성공의 언어를, 실패하는 사람은 실패의 언어를 습관처럼 사용한다.

올 한 해, 우리가 어떤 말을 입에 달고 사느냐가 우리의 미래를 결정한다. 신년하례식에서 주고받은 따뜻한 덕담처럼, 서로를 격려하고 긍정의 언어로 하루하루를 살아간다면 연말엔 이렇게 말할 수 있을 것이다. "우린 위기를 이겨냈고, 여기까지 잘 왔다."   (2019. 1)

15

진정한 재테크

사람은 누구나 오래 살기를 원하지만, 최근 한국에서 발표된 한 연구는 이에 대한 인식을 뒤집는 결과를 보여주었다. 한국외대 박명호 교수 연구팀이 전국 1,200명을 대상으로 조사한 바에 따르면, 응답자의 40.1%가 '100세 시대'를 재앙으로 받아들였으며, 축복이라고 답한 비율은 32.9%에 그쳤다. 나머지 27.0%는 보통이라고 응답했다.

이는 많은 사람들이 노후 준비가 충분하지 않다는 현실을 반영하는 결과다. 100세 시대의 최대 걱정거리는 건강(89.2%), 생활비(76.8%), 일자리(17.7%) 순으로 나타났다. 특히 10명 중 4명은 노후 대비 자금을 전혀 준비하지 못한 것으로 조사됐다. 한국의 베이비부머 세대(1955~1963년생)는 약 714만 명으로 전체 인구의 15%를 차지하며, 미국의 베이비부머 세대(1946~1964년생)는 약 7,800만 명으로 전체 인구의 26%를 구성한다. 두 나라 모두에서 이 세대는 경제적·사회적 변화를 주도하며 성장해 왔으나, 본격적인 은퇴 시기에 접어들면서 새로운 도전에 직면하고 있다. 지난 4, 5년간 글로벌 경제 위축과 자산가치 하락으로 인해 은퇴계획이 차질을 빚고 있기 때문이다. 부동산 가격 하락, 은퇴연금 감소, 감봉 및 해고 등으로 많은 베이비부머들이 재정적 어려움을 겪고 있다.

은퇴 후 경제적 안정을 유지하려면 부동산, 생명보험, 증권, 사회보장연금 등을 적절히 활용하는 재테크 전략이 필요하다. 재정 전문가들은 자산을 부동산, 증권, 현금 등으로 분산 투자할 것을 권장한다. 한 가지 자산에 집중하면 위험이 커지기 때문이다.

그러나 재테크를 단순히 돈을 모으는 것으로만 여긴다면 중요한 요소를 간과하는 것이다.

-건강: 최고의 자산

많은 사람들이 돈을 벌기 위해 건강을 희생한다. 특히 식당, 리커스토어, 마켓 등을 운영하는 한인 스몰 비즈니스 업주들은 하루도 쉬지 않고 일하는 경우가 많다. 젊은 시절 열심히 일하면 안정된 노후를 누릴 수 있을 것이라는 기대 때문이다. 그러나 정작 은퇴 후에는 건강이 악화해 '쌓아 놓은 것들'을 누리지 못하는 사례가 적지 않다.

건강을 잃으면 노후는 외롭고 힘겨운 싸움이 된다. 따라서 진정한 재테크는 경제적 안정뿐 아니라 건강한 삶을 유지하는 데서 출발해야 한다.

- 봉사 활동: 삶에 의미를 더하다

은퇴 후에는 자신을 위한 삶뿐 아니라 타인을 위한 삶도 고려해야 한다. 그동안 바쁜 직장 생활과 가정생활로 인해 봉사 활동할 여유가 없었던 사람이 많다. 하지만 시간적 여유가 생기는 은퇴 후, 노숙자에게 식사를 제공하거나 독거노인 돕기 등 지역 사회를 위한 활동에 나설 수가 있다. 남을 위한 봉사는 인생을 보다 풍요롭게 만들며, 정신적 만족감과 보람을 가져다준다. 많은 은퇴자가 봉사 활동을 통해 새로운 기쁨을 찾고 있다.

- 상속: 물려줘야 할 것들

많은 사람들이 상속을 부자들의 문제라고 생각하지만, 이는 누구나 고려해야 할 중요한 요소다. 미국에서는 20대 초반부터 유언장을 작성하는 경우가 많다. 유언장을 미리 작성하면 재산뿐만 아니라 인생의 가치와 신념을 후손들에게 효과적으로 전달할 수 있다. 상속은 단순한 돈 문제가 아니라, 가족과 후손에게 전할 정신적 유산까지 포함하는 개념이다. 자녀에게 재산뿐만 아니라 가훈, 봉사정신, 삶의 철학 등을 물려주는 것이야말로 진정한 상속이라 하겠다.

- 현대인의 오복(五福)

전통적으로 동양에서는 수(壽, 장수), 부(富, 부유함), 강녕(康寧, 건강과 평온), 유호덕(攸好德, 덕을 좋아함), 고종명(考終命, 자연사)을 오복으로 여겼다.

그러나 현대 사회의 오복은 좀 다르다.

1. 건강: 건강이 최우선이다. 건강을 잃으면 모든 것을 잃게 된다.
2. 좋은 배우자: 인생을 함께 할 동반자가 중요하다.
3. 경제적 안정: 생활에 불편함이 없을 정도의 재산이 필요하다.
4. 일의 지속성: 은퇴 후에도 지속적으로 할 일이 있어야 한다.
5. 사회적 관계: 주위에 좋은 친구와 공동체가 있어야 한다.

진정한 재테크는 단순히 돈을 모으는 것이 아니다. 건강, 봉사 활동, 상속 등 삶의 중요한 요소들을 균형 있게 관리하는 것이야말로 최고의 재테크다. '내일 죽을 것처럼 오늘을 살라'는 말처럼, 현재를 충실히 살아가는 것이야말로 가장 현명한 노후 준비일 것이다.　　(2012. 3)

16

김대중 대통령과 존 엘웨이

언뜻 보면 전혀 상관이 없어 보이는 인물들이다. 한 사람은 대한민국의 대통령이고, 다른 한 사람은 미식축구(NFL) 덴버 브롱코스(Broncos)의 명 쿼터백이다.

1997년 12월 18일은 대한민국 헌정 역사상 최초로 여야 간 수평 정권 교체를 이룬 역사적인 날이었고, 1998년 1월 25일은 AFC(American Football Conference) 소속 덴버 브롱코스가 13년간 NFC(National Football Conference) 소속 팀에게 당해 온 치욕적인 패배를 설욕하며 슈퍼볼 우승의 영광을 차지한 날이다.

김대중 대통령은 1971년 첫 대선 도전에서 박정희 전 대통령에게 아깝게 패했고, 1987년 대선에서는 야권 통합을 이루지 못한 데 대한 '원죄 의식'을 안은 채 노태우 전 대통령에게 큰 표차로 패했다. 1992년 세 번째 도전에서는 김영삼 전 대통령에게 패한 후 정계 은퇴를 선언했다가, 1997년 대선에서 이회창 후보에게 박빙의 차이로 승리하며 마침내 '3전4기'의 신화를 이뤘다.

그는 국회의원 선거에서도 네 번째 도전 끝에 가까스로 당선된 경험이 있어 '4'라는 숫자와 묘한 인연을 가지고 있다.

존 엘웨이는 1987년 첫 슈퍼볼에서 뉴욕 자이언츠에 39:20으로 패했고, 1988년 재도전에서는 워싱턴 레드스킨스에 42:10으로 완패했다. 1990년 세 번째 도전에서는 샌프란시스코 포티나이너스에 55:10으로 대패하며, 슈퍼볼 역사상 가장 큰 점수 차이로 패배하는 수모를 겪었다.

그러나 1998년 1월 25일, 네 번째 도전에서 존 엘웨이가 이끄는 덴버 브롱코스는 그린베이 패커스를 31:24로 꺾고 마침내 우승컵을 들어 올렸다. 8년간의 절치부심 끝에 그는 은퇴를 앞둔 마지막 슈퍼볼 경기에서 천신만고 끝에 롬바르디 트로피를 손에 쥐었다. 또 하나의 '3전4기' 신화가 만들어진 것이다.

두 사람의 공통점은, 결코 포기하지 않았다는 점이다.

세 번째 도전에서 실패한 후, 김대중은 정계 은퇴를 선언했고, 엘웨이도 선수 생활의 연장 여부를 고민할 정도로 깊은 슬럼프에 빠졌었다. 그러나 두 사람은 좌절 속에서 겸손함과 함께 치밀한 준비, 투지, 그리고 끈기를 배웠다.

김대중 대통령은 대선 당시 여론조사에서 이회창 후보를 앞섰지만, 일부 국민들은 "설마 김대중이 당선될까?" 하는 의구심을 품고 있었다. 그는 김종필, 박태준 두 원로 정치인의 역량을 효과적으로 결집시켜 결국 박빙의 승리를 거두었다.

한편, 덴버 브롱코스는 슈퍼볼에서 그린베이 패커스에 11.5점 차의 열세가 예상되었지만, 미국 국민들의 '엘웨이가 우승하길 바란다'는 동정어린 염원이 더해져 극적인 역전승을 거뒀다. 엘웨이는 자신의 리더십뿐 아니라 러닝백 테렐 데이비스의 순발력 있는 공격을 적극 활용해 승리를 이끌었다.

단 하나의 차이점이 있다면, 김대중 대통령은 이제 시작이라는 점이고, 존 엘웨이는 37세로 선수로는 은퇴를 고려할 나이에 도달했다는 점이다. 김 대통령은 70세가 넘는 고령에도 불구하고 경제위기에 빠진 대한민국을 회생시키기 위해 고군분투해야 하는 입장이고, 엘웨이는 한 시즌을 더 뛴 뒤 은퇴 여부를 결정할 예정이다.

김대중 대통령과 존 엘웨이의 승리는 단순히 개인의 승리로만 보기 어렵다. 김대중의 당선은 대한민국 국민이 정치·경제적으로 여야 간의 수평 정권 교체를 감당할 만큼 성숙했다는 것을 보여주었고, 존 엘웨이의 우승은 노장 쿼터백의 헌신에 응원과 박수를 보낸 미국 시민들의 집단적 승리였다.

누구든지 항상 승자이거나 패자일 수 없다. 민심이 그들을 지지하느냐 여부가 승패를 가르는 열쇠가 된다. 냉혹하고 차가운 승부만이 존재하는 정치와 스포츠 세계에서, 민심은 언제나 중요한 변수로 작용한다는 것이 동서고금의 진리이다.

김대중 후보가 대통령에 당선되자, 한국 국민은 그의 승리를 진심으로 축하하며 IMF 한파를 극복해 나갈 지도자로서의 역할을 기대했다.

존 엘웨이가 슈퍼볼 우승컵을 안고 덴버로 귀환하자, 다운타운에는 65만 명의 시민이 몰려 그의 승리에 뜨거운 박수를 보냈다.

김대중 대통령은 향후 5년간 대통령직을 수행하게 되지만, 존 엘웨이는 한 시즌을 더 뛴 뒤 자신의 몸 상태와 팬들의 반응을 살펴 선수 생활을 이어갈지를 결정할 것이다.

그러나 국민은 두 사람이 한 번의 승리에 만족하지 않고, 진정한 유종의 미를 거두며 퇴장할 수 있을지를 지켜보고 있다. 그들에게는 여전히 새로운 과제가 남아 있다.

(『광야』 1998년 4월 게재, KBS 아메리카 보도국장 재직 시)

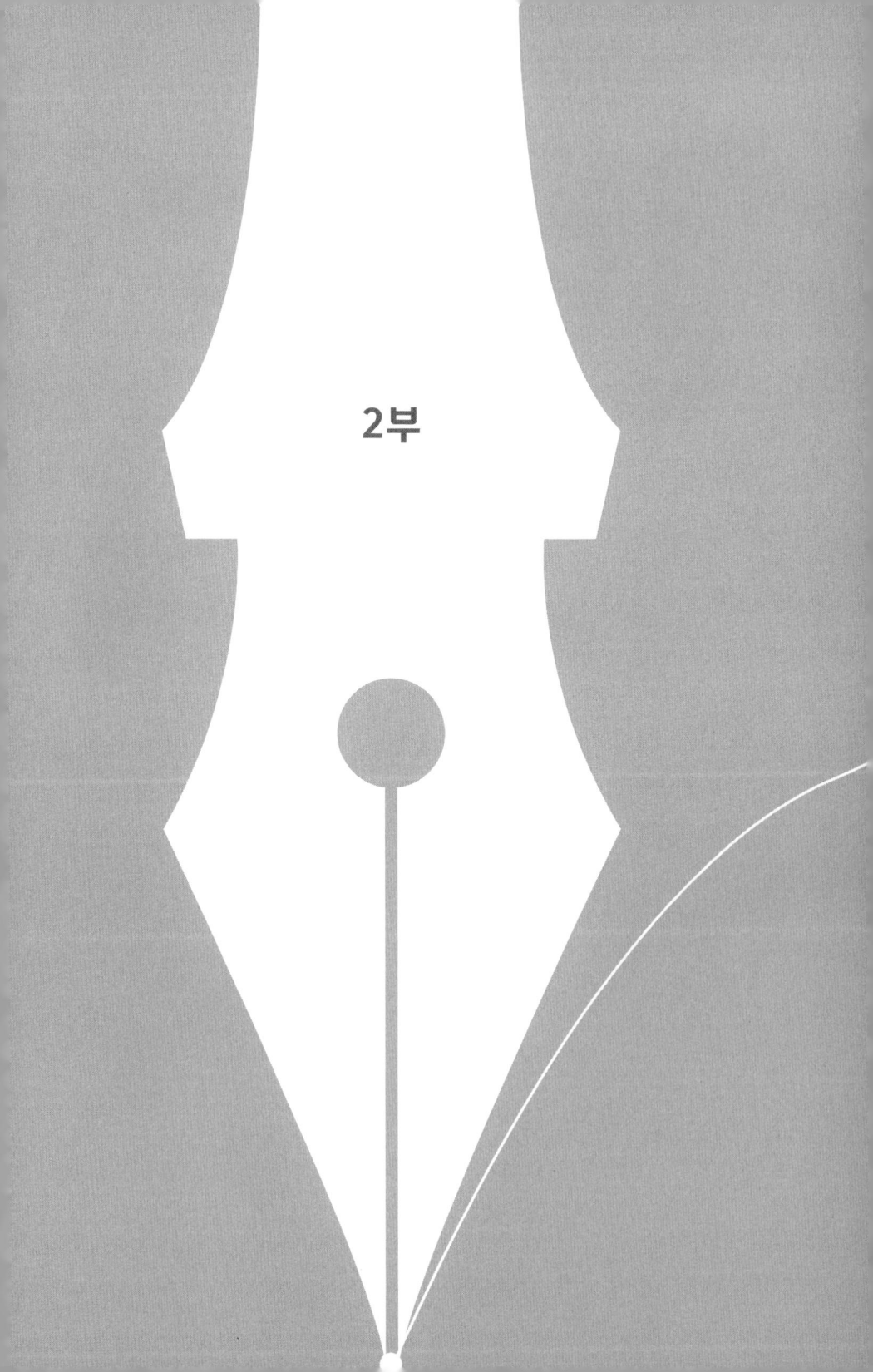

2부

니가 기자냐? 나는 기자다!

01

대학 선택의 기준

본격적인 대학 입학 시즌이 시작되었다. 올해 가을 대학 진학을 앞둔 자녀를 둔 한인 학부모들의 고민이 어느 때보다 깊어지고 있다. 이는 최근 지속된 경제 불황과 계속되는 등록금 상승으로 인해 대학 선택이 더욱 어렵게 되었기 때문이다.

현재 대부분의 사립대학 학비는 연간 5, 6만 달러에 육박하며, 비교적 저렴하다는 주립대학마저도 2만 5천, 3만 달러에 이른다. 학비 부담이 커진 상황에서 전액 장학금을 받거나 육사, 해사, 공사 등과 같은 특수 대학에 진학하는 학생, 혹은 저소득층으로 분류되어 학비 지원을 받는 경우가 더욱 부러움을 사는 시대가 되었다.

기자는 지난주 봄방학 기간을 이용해 대학 입학을 앞둔 딸과 10학년 아들, 그리고 아내와 함께 아이들이 합격한 동부 지역의 대학들을 직접 방문했다. 대학 방문을 위해 들어간 비용과 시간이 적지 않았지만, 직접 캠퍼스를 방문함으로써, 인터넷 검색이나 주변 사람들의 설명만으로는 얻기 어려운, 학교의 분위기와 환경을 생생하게 보고 느낄 수 있었던 소중한 기회였다.

맨해튼 중심에 위치한 한 대학은 캠퍼스라기보다 도시적 감성과 활기가 넘치는 분위기였으며, 졸업 후 취업 기회가 풍부하다는 장점이 뚜렷했다. 보스턴의 또 다른 대학은 조용한 호수를 배경으로 중세풍의 건축물과 현대식 도서관의 조화로 아름다운 캠퍼스를 자랑하고 있었다. 앞서 방문한 남가주 지역의 대학과 비교할 기회도 되었다.

기자는 다음 주 중동부 지역의 사립대학 방문을 계획 중이다. 가능한 많은 대학을 방문한 후 아이들이 자신이 다닐 학교를 직접 선택하게 하고 싶기 때문이다.

현실적으로 장학금이나 재정 지원 여부로 대학을 선택하는 경우를 많이 보게 된다.

그러나 무엇보다 중요한 기준은 자녀의 적성과 학교와의 궁합이다. 아무리 명문이라도 자녀 본인과 맞지 않으면 만족스러운 대학 생활을 기대하기 어렵기 때문이다.

대학은 단지 학문을 배우고 졸업장을 받는 곳이 아니라 인생관을 형성하고 평생 친구를 사귀며 자신의 진로를 탐색하는 중요한 장소다. 대학에서 보낸 4년은 이후 인생의 방향을 결정짓는 황금기라는 점에서 더욱 그렇다. 누구는 대학을 이미 정했고 누구는 전공까지도 일찌감치 정했다는 얘기를 들으면 부럽기도 하다. 그러나 딸이 전공을 정하지 못한 상태에서 조건이 좋은 여러 대학을 놓고 저울질하는 재미아닌 재미도 있는 것이 사실이다.

전공이 아직 확정되지 않은 자녀의 경우, 입학 후 다양한 교양과목을 수강하며 적성과 흥미를 천천히 찾아가도록 돕는 것도 좋은 전략이다.

특히 올해 대학 입학생들은 경제적 위기라는 현실 속에서 학비 지원이 대학 선택의 중요한 잣대가 될 것이다. 대부분의 대학들이 5월 1일까지 최종 결정을 요구하기 때문에 아직 결정을 내리지 못한 학생과 학부모들의 고민은 한동안 계속될 전망이다.

하지만 대학 입학의 결과에 너무 낙담하거나 자만할 필요는 없다. 인생은 단거리 경주가 아니라 긴 마라톤이다. 중요한 것은 자신에게 맞는 대학을 선택하고 그 안에서 최선을 다하는 태도다.　　(2009. 4)

02

자녀에게 꿈을

우리의 인생에는 세 가지 중요한 선택이 있다. 직업, 배우자, 그리고 인생관의 선택이다. 이 세 가지가 인생의 방향을 결정짓는다. 그중에서도 가장 어려운 선택은 직업이다.

최근 방영된 한국 드라마 '여왕의 교실'에서 초등학교 6학년 여학생 하나는 '제로니모의 환상 모험'을 읽으며 "미래의 내 모습을 보면 꿈을 알 수 있지 않을까?"라고 고민을 털어놓는다. 이 드라마는 마녀 선생 마여진과 중학교 진학을 앞둔 6학년 3반 학생들의 좌충우돌 성장기를 그리고 있다. 학생들은 마녀 선생 마여진을 통해 혹독한 교육을 받으며 스스로의 꿈을 찾아간다. 극 중 한 학생은 부모의 강요를 거부하고 기자가 되겠다는 꿈을 품고, 또 다른 학생은 마여진 선생처럼 교사가 되기로 결심한다.

남편과 딸에게 얽매어 살던 하나 엄마도, 엄마의 꿈은 뭐였냐는 딸의 질문에 자극을 받아 화장품 품평단에 도전해 마침내 꿈을 이룬다.

지난 9월 7일, 남가주사랑의교회에서 열린 '2013 UC 및 명문 사립대학 박람회'의 적성검사 코너는 학부모들의 뜨거운 관심을 받았다. 많은 부모가 자녀가 원하는 일을 찾도록 돕기 위해 이곳을 찾았다. 기존에는 의대나 법대 같은 '돈 되는 전공'을 강요하는 경향이 컸다. 그러나 점점 더 많은 부모가 자녀의 적성을 존중하려는 성숙한 태도를 보이고 있다.

적성검사만으로 자녀의 미래를 결정할 수는 없다. 자녀의 능력과 관심사, 성격을 종합적으로 고려해야 한다. 진정한 꿈을 찾는 과정은 부모와 자녀가 함께 풀어나가야 할 과제다.

세계은행 총재를 지낸 김용 박사의 성공은 부모의 가치관 교육 덕분이었다. 그는 하버드에서 의학과 인류학을 전공한 후, 남미와 아프리카에서 질병과 싸우는 봉사 활동을 펼쳤다. 그의 아버지는 "미국에서 아시아계가 성공하려면 기술이 필요하다"며 의사가 된 후 하고 싶은 일을 하라고 조언했다. 어머니 역시 "너는 누구인가?"라고 묻고, 위대한 일에 도전하라고 격려했다. 결국 그는 부모의 가르침을 바탕으로 글로벌 리더가 되었다.

반기문 유엔 사무총장 역시 어린 시절 케네디 대통령을 만나면서 외교관의 꿈을 키웠다. 클린턴 전 미국 대통령도 고등학생 시절 워싱턴에서 케네디 대통령과 악수한 후, 대통령이 되겠다는 목표를 세웠다. 이처럼 결정적인 계기 하나가 인생을 바꿀 수 있다.

학부모들은 자녀의 재능을 발견할 수 있도록 다양한 기회를 제공해야 한다. 과외활동, 경시대회, 봉사 활동 등을 통해 자녀가 스스로 "나는 누구이며, 무엇을 해야 할까?"라는 질문을 던지도록 유도해야 한다. 현재 꿈이 명확하지 않더라도, 지금 하는 일에 최선을 다하면 자연스럽게 길이 보일 것이다. 꿈을 가진 사람은 세상을 변화시킬 힘을 가진다. 그들은 어려움을 극복하고, 행복을 추구하며, 타인을 돕는 삶을 산다. 대학과 전공의 선택이 돈에 의해 결정되는 시대에, 부모가 자녀에게 남겨줄 가장 값진 유산은 '자신만의 꿈을 찾는 힘'이다.

(2013. 10)

03

대학과 전공 선택의 갈림길에서

대학에 갓 입학해 캠퍼스를 거닐며 미래에 대한 기대와 설렘으로 가득 차 있었던 날이 엊그제 같은데, 어느덧 40여 년이 흘렀다. 입학 첫날, 조재영 학과장 교수님은 대학생을 'Greatly Studying Student'라 정의하며, 폭넓은 공부와 고독한 사색, 그리고 진정한 교우 관계의 중요성을 강조하셨다. 지성과 야성, 그리고 원대한 포부를 갖춘 학생이 되라는 그 말씀이 아직도 뇌리에 남아 있다. 대학은 본래 학문을 탐구하는 상아탑이어야 한다. 하지만 현실적으로는 졸업 후 경제적 독립과 진로 문제를 무시할 수 없다. 특히 전공 선택은 단순한 흥미 이상의 신중한 결정이 요구된다.

많은 한인 학부모는 여전히 대학의 이름값에 무게를 두는 경향이 있다. 하지만 학생들이 대학 생활 중 3~4번 전공을 바꾼다는 통계는 그만큼 전공 선택이 어렵다는 것을 방증한다. 자녀가 어릴 때부터 무엇에 흥미와 재능을 보였는지를 꼼꼼히 살피지 않으면, 결국 대학의 명성에만 치우친 선택을 하게 된다.

명문대와 전공의 조화가 이뤄진다면 더없이 좋겠지만, 대부분의 경우 치열한 경쟁 속에서 자신의 전공을 살리고 성공적인 대학생활을 이어가는 일은 결코 쉽지 않다.

실제 기자의 가정에서도 비슷한 고민이 있었다. 지금은 LA 인근의 약학대학원 4학년에 재학 중인 딸은, 2009년 대학 입학 당시 명문 사립대학과 전공 중심의 대학 중 하나를 선택해야 했다. 가족회의 끝에 의료 전공이 강한 대학을 선택했고, 이는 약학대학원 진학의 밑거름이 되었다.

의과대학원 2학년에 재학 중인 아들도 비슷한 경험을 했다. 당시 유명 사립대에서 반액 장학금 제안을 받았지만, 가족의 깊은 논의 끝에 전공 특화 대학을 선택했고, 그곳에서 장학금을 받으며 좋은 성적으로 현재의 의과대학에 진학할 수 있었다.

또한 본보 교육섹션에 소개된 저스틴 오 회계사의 아들 데이빗 오의 사례도 주목할 만하다. 그는 UC 샌타바바라에서 프리메드를 전공하다 적성에 맞지 않아 중도 포기했지만, 군 입대 후 국방외국어대에서 근무하며 상관의 추천으로 웨스트포인트에 입학해 전기공학을 전공하고 있다. 수많은 시행착오 끝에 올바른 길을 찾아낸 것이다.

기자 역시 자녀들의 성장을 지켜보며 그들이 무엇을 좋아하고 어떤 전공이 적성에 맞는지를 고민하고 관찰해왔다. 객관적인 적성검사와 지속적인 대화를 통해 자녀가 행복하게 살 수 있는 길을 함께 찾고자 했다.

대학과 전공 선택은 단순한 개인의 결정이 아니라, 부모와 교사, 주변의 교육자들이 함께 도와야 하는 여정이다. 그러나 무엇보다 중요한 것은 타인의 기대나 사회적 평판이 아닌, 본인의 열정과 적성에 기반한 주체적인 선택이라는 점이다. 결국 자신의 길은 자신이 가장 잘 찾을 수 있다. (2017. 7)

04

봉사하는 삶

지난 10일, 동부 뉴저지에 거주하는 한 한인 학부모로부터 한 통의 전화가 걸려왔다. 그녀의 아들 알렉산더가 스탠퍼드 대학 조기전형에 합격했다는 소식과 함께, 이전에 진학 상담을 통해 도움을 받은 것에 대한 감사의 인사였다. 알렉산더는 몽클레어 고등학교의 학생회장이자, 11년 전부터 가족과 함께 캄보디아 한센병 마을에서 의료봉사를 해온 특별한 이력의 소유자다.

알렉산더의 가족은 매년 3주 가까이 캄보디아 '깜뽕짬' 지역의 한센마을을 찾아 의료봉사를 진행해왔다. 내과의사인 아버지 토마스 전 씨, 다트머스 대학에 재학 중인 형 크리스토퍼, 그리고 어머니 그레이스 전 씨와 함께하는 이 봉사는, 외부의 도움 없이는 생존조차 위태로운 환자들에게 생명의 끈을 이어주는 활동이다.

그레이스 전 씨는 알렉산더가 7세 때부터 봉사에 참여했으며, 감염 위험에도 불구하고 단 한 번의 불평 없이 기쁨과 감사로 시간을 보냈다고 전했다. 사전에 필요한 물품을 모으기 위해 학교와 도서관을 돌며 친구들과 이웃의 도움을 받는 과정에서, 봉사의 즐거움과 공동체 의식을 몸소 체득하게 되었다고 한다.

11학년 시절 알렉산더는 청소년 자살률 증가에 대응하기 위한 자살 방지 프로그램을 주도하며 뉴저지 주의 학생 상원의원으로 선출되었고, 백악관에도 초청받았다. 그레이스 씨는 "대입 준비로 바빴던 시기에 봉사로 시간을 쓰는 것이 걱정되기도 했지만, 결국 그런 활동이 아들의 삶을 더 빛나게 만들었다"고 말했다.

알렉산더는 코카콜라 장학생으로도 선정됐으며, 장래에는 병원과 학교를 세우는 자선사업가가 되고 싶다는 포부를 밝혔다. 대학 진학 이후에도 한센마을 봉사를 계속 이어갈 계획이다. 그는 봉사를 통해 인생의 목적을 깨닫고, 자신이 얼마나 축복된 환경에서 살고 있는지 감사하게 됐다고 말했다.

또 다른 사례로는 글로벌어린이재단 LA 지부에서 활동 중인 김주희 씨 가족이 있다. 그녀는 두 아들과 함께 인도, 네팔, 태국, 중국 등 20여 개국을 돌며 의료봉사와 선교 활동을 해왔다. 자녀들이 가난과 질병 속에서 살아가는 이들을 직접 보고 겪으며 삶에 대한 태도와 습관이 변했다고 말한다. 큰아들 조셉은 이런 경험을 바탕으로 에세이를 작성해 UC버클리 경제학과에 합격했고, 현재 데이터 분석가로 활동 중이다. 둘째 데이빗은 다양한 문화와 언어 경험을 담은 포트폴리오로 UC리버사이드에 진학해 영화학을 공부하고 있다.

김 씨는 "힘든 환경 속에서 봉사하며 두 아들이 성숙해지는 모습을 보는 것이 가장 큰 기쁨이었다"고 회고한다. 진정한 의미에서 도움을 받은 것은 봉사 대상이 아니라 바로 그들 자신이었다는 깨달음이 가족 모두에게 깊은 감동으로 남아 있다고 덧붙였다.

이처럼 이기심과 경쟁이 만연한 사회에서, 봉사를 통해 나눔의 가치를 배우고 실천하는 청소년들은 정신적으로 더욱 단단해진다. 반복되는 총기난사 사건과 높아지는 우울증 수치 속에, '봉사하는 삶'이야말로 우리 아이들이 진정한 삶의 의미를 찾고, 나아가 대학진학 이상의 가치를 발견하는 통로가 될 수 있을 것이다. (2019. 12)

05

떠남을 기록하다: 삶과 추억

지난 1월, 김영태 전 LA 한인회장의 별세를 시작으로, 2월에는 윤석원 전 가주한미포럼 대표와 김봉구 미주방송인협회 명예회장 등 미주한인사회를 이끌었던 인사들이 잇따라 우리 곁을 떠났다. 기자로서 이들과 직접 만나 이야기를 나눌 수 있었던 시간은, 돌이켜보면 참으로 소중한 인연이었다.

정원훈 전 행장(가주외환·한미·새한·아시아나은행), 찰스 김 전 하나금융 이사장, 박기서 그루엔 어소시에이츠 대표, 카니 강 전 LA 타임스 기자, 조영근 전 남가주한국학원 이사장 등과 나눴던 대화들도 여전히 뇌리에 생생하다. 이들은 한인사회는 물론 미국 주류사회의 발전을 위해 각자의 자리에서 헌신한 분들이다.

늘 곁에 있을 것만 같았던 분들이 하나둘 타계하면서 느끼는 것은 인생무상이다. "좀 더 오래 살아서 더 많은 일을 하셨으면 좋았을 텐데" 하는 아쉬움과 함께, 그들의 삶을 되새기며 남겨진 우리들의 몫에 대해 다시 생각하게 된다.

한인이민사회가 점점 연륜을 더해가며, 1세대들의 작별도 하나의 시대 흐름이 되고 있다. 요즘은 사랑하는 부모님이 별세해도 가족끼리 조용히 장례를 치르는 경우가 많다. 그로 인해 고인의 유물이나 생전 기록이 후손에게 전해지지 못하고 사라지는 일이 잦다. 집안의 가풍이나 문화는 기록을 통해 계승되는 법이다. 선조들의 뜻이 후손의 삶에 지침이 되도록 하는 것, 그것이 기록의 힘이다.

이러한 흐름 속에서 본보는 지난 해 11월부터 '삶과 추억(Obituary)' 지면을 신설했다. 단순한 부고를 넘어, 고인의 생전 삶과 이야기를 되새기고 추모하는 기록의 장을 만들기 위함이다. 가족과 지인이 직접 작성한 조사나 추모 글, 그리고 고인의 유훈과 생애 이야기를 담아낸다.

미국 신문, 예컨대 LA 타임스 등에서도 유가족이 고인의 생애를 신문에 유료로 의뢰해 게재하는 문화가 있다. 본보 역시 이러한 추모 문화를 이어가며, 한인사회 내에서도 기억과 기록의 중요성을 환기시키고자 한다.

지난 해 12월 31일 타계한 이석구 전 남가주 연세대학교 동문회장의 장녀 지선 씨는 "부친이 돌아가시고 경황이 없는 상황이라 처음에는 '삶과 추억' 취재에 응하기가 망설여졌는데, 아버지에 대한 추억을 이야기하면서 오히려 사랑이 깊어지고 이해가 넓어졌다"고 말했다. 또한 이 회장이 한국인 최초의 세례자 이승훈의 후손이라는 사실도 자연스럽게 알려지는 계기가 되었다. 그의 부고 기사가 나간 후, 장례식에는 700여 명이 넘는 지인들이 참석해 그의 반듯한 성품과 봉사의 삶을 함께 추모했다.

최근에는 장례식의 분위기 자체도 변화하고 있다. 침울함보다 고인을 기리는 축제 분위기 속에서 삶을 되새기는 방식으로 바뀌고 있다. 고 안주은 CPA의 장례식에서는 장례 예배 후, 고인이 생전에 좋아했던 팝송과 가족 음악회를 담은 30분짜리 동영상을 상영해, 눈물과 웃음이 어우러진 따뜻한 작별의 시간을 만들었다. 이는 죽음을 슬픔이나 비극으로만 보던 기존의 인식을 전환하는 사례다.

2010년 4기 폐암 판정을 받고 세상을 떠난 이계조 한미문화교육원장은 생전에 장례를 미리 준비한 대표적 인물이다. 그는 마지막 시간을 앞두고 살아생전 사랑을 주고받았던 지인들을 초대해 음식을 대접하고 힘께 추억을 나눴다. 그는 "떠나고 난 후 장례식에 찾아오는 것보다 살아 있을 때 감사의 마음을 전하고 싶다"고 밝혔다. 이 원장의 모습은 죽음을 준비하고 맞이하는 방식에 있어 새로운 기준을 제시했다.

이름을 알린 인물이든, 평범한 시민이든, 이민 1세대의 피와 땀, 눈물로 이루어진 것이 오늘의 미주한인사회다. 그들이 남긴 이야기를 기억하고, 이어받아 생전에 이루지 못한 과업을 후세가 완수하는 것. 그것이 우리에게 주어진 소명일지 모른다. (2020. 2)

06

광복 70주년, 역사의 교훈을 새기며

광복 70주년을 맞아 전 세계 한민족이 대한민국의 독립을 기념하며 다양한 행사를 준비하고 있다. LA 한인회는 8월 14일부터 16일까지 한인타운 서울국제공원에서 대대적인 기념 행사를 개최하며, 음악회와 미술 전시회, 3.1여성동지회의 태극기 교실 등 다양한 프로그램이 광복절 전후로 펼쳐진다.

광복은 단순한 역사적 사건이 아니다. 그것은 대한민국의 주권을 되찾은 감격적인 순간이며, 동시에 나라 없는 설움과 그 비애를 딛고 다시 선 날이기도 하다. 일제강점기 동안 수많은 조부모 세대가 강제징용과 학도병 징집, 위안부로 끌려가 목숨을 잃거나 삶을 유린당했다. 이들의 희생을 기억하지 않는다면 광복의 의미 또한 퇴색될 수밖에 없다.

2001년, 본지는 '이민 100년 땀과 눈물의 대서사시' 시리즈의 일환으로 멕시코 메리다 지역의 한인 후손들을 취재했다. 1905년 대륙식민회사의 감언이설에 속아 멕시코로 이주한 1,033명의 한인들은 에

네켄 농장에서 노예와 같은 생활을 했고, 그 후손들은 여전히 빈곤에서 벗어나지 못하고 있었다. 취재 당시 만난 86세의 페드로 산체스 씨는 '코레아노'라는 자신의 정체성을 뚜렷이 인식하고 있었지만, 부엌과 화장실조차 없는 작은 공간에서 평생 독신으로 살아가고 있었다. 그의 동생인 이삭 산체스 부부 또한 비참한 환경에서 하루하루를 연명하고 있었다. 이들의 삶을 보며, 나라 없는 설움이 무엇인지, 주권국가의 국민으로 태어나는 것이 얼마나 큰 축복인지를 새삼 절감할 수밖에 없었다.

대한민국의 독립을 위해 수많은 애국지사들이 목숨을 바쳤다. 본지가 한국 국가보훈처와 한인역사박물관의 자료를 바탕으로 집계한 바에 따르면, 현재까지 북중미 지역(미국, 멕시코, 쿠바 포함)에서 독립유공자로 포상된 인물은 230여 명에 달한다. 도산 안창호 선생, 서재필 박사, 이승만 전 대통령, 임병직 선생을 비롯해 가주에 비행사 양성소를 설립한 노백린 선생, 무장독립군을 양성한 박용만 선생, 친일파 미국인을 처단한 장인환·전명운 열사 등 많은 독립운동가들이 조국의 해방을 위해 헌신했다. 이들의 피와 땀과 눈물이 없었다면 오늘날 대한민국이 존재할 수 있었을까?

본지는 광복 70주년을 맞아 특별기획 '땀과 영광의 현장을 가다'를 통해 독립운동의 흔적이 남아 있는 리버사이드 등 미주 지역을 조명하고 있다. 또한, 앞으로도 멕시코와 쿠바 등지에서 독립운동과 관련된 자료를 지속적으로 발굴해 나갈 계획이다.

하지만, 광복 70주년을 맞이한 오늘날에도 일본 정부는 과거의 역사적 과오에 대한 진정성 있는 반성을 보이지 않고 있다. 광복절을 기념하는 것만큼이나 중요한 것은 우리의 후손들에게 나라를 잃은 역사를 제대로 가르치는 일이다. 유대인들은 패배를 부끄러워하지 않고 그것을 역사적 교훈으로 삼아 민족의 저력으로 승화시킨다. 1967년 6일 전쟁에서 단 250만 명의 유대인이 1억 명의 아랍인을 두려워하지 않았던 이유는, 그들이 나치의 학살을 기억하며 조상들의 정신을 이어받았기 때문이라고 한다. 우리 또한 역사의 교훈을 새기고, 치욕의 역사라도 잊지 말아야 한다.

광복 70주년을 맞아, 우리는 단순한 축하를 넘어 독립운동가들의 희생을 기리고, 대한민국의 주권이 얼마나 소중한 것인지를 다시금 되새겨야 할 것이다. (2015. 8)

07

박수칠 때 떠나라 -영광의 순간에 남긴 교훈

2015년 2월, 덴버 브롱코스의 전설적인 쿼터백 페이튼 매닝은 자신이 직접 세운 기록의 정상에서 조용히 은퇴를 선언했다. 50회 슈퍼볼 우승이라는 커리어의 절정, 더 이상의 찬사가 필요 없던 그 순간이었다. 환호 속에서 머무는 대신, 그는 뒷모습을 남겼다. 박수칠 때 떠나는 것. 그 선택이 얼마나 위대한가를 증명한 이였다.

페이튼 매닝의 경력은 단순한 우승 숫자나 패스 야드로 정의되지 않는다. 2006년 인디애나폴리스에서 첫 슈퍼볼 우승을 맛봤고, 이후 덴버로 이적해 2013년 슈퍼볼에서는 아쉽게 트로피를 놓쳤다. 나이와 부상, 노쇠한 팔 힘. 누구도 그가 다시 정상에 설 것이라 기대하지 않았다. 그런데 그는 마지막 경기에서 단 한 개의 터치다운 없이, 동료들의 압도적인 수비와 전략 속에서 두 번째 우승 반지를 손에 넣었다. 모든 것을 쏟아붓고도 우승을 놓쳤던 과거의 그가, 되레 절묘한 타이밍으로 떠났다. 역설적이게도, 이는 그의 선수 경력에 품격 있는 마침표를 찍어준 상징적 순간이었다.

그리고 또 한 명의 인물, 존 엘웨이. 덴버의 상징이자, 매닝을 영입한 주인공이다. 쿼터백으로 세 번의 슈퍼볼에서 연패를 겪고도 1998년과 1999년, 두 해 연속 우승을 일궈낸 후 스스로 은퇴를 택했다. 당시 그는 충분히 더 뛸 수 있었고, 팬들은 그의 마지막을 믿지 않으려 했다. 그러나 그는 그 누구보다 먼저 떠날 시기를 읽었다. 선수로서도, 단장으로서도 우승을 맛본 몇 안 되는 존재. 그는 퇴장의 타이밍이 얼마나 중요한지를 다시금 보여주었다.

두 사람의 공통점은 분명하다. 정점에서 떠났다는 것. 그리고 그 결정이 명예를 오래도록 지켜주었다는 점이다. 더 뛸 수 있었고, 더 벌 수 있었지만, 더 오래 기억되기를 택한 선택. 은퇴란 언젠가 누구나 맞이해야 할 장면이지만, 어떻게 떠나느냐에 따라 그 장면은 추억이 되기도 하고, 잊히는 한순간이 되기도 한다.

이런 통찰은 스포츠계를 넘어 한인사회와 우리 일상에도 이어진다. 한인 교계에서도 누군가는 조용히, 그리고 명예롭게 물러나 교회에 새로운 바람을 불어넣는다. 반면, 떠난 뒤에도 주변을 맴돌며 영향력을 행사하려는 모습들이 있어 교회 공동체를 혼란에 빠뜨리기도 한한다. 한인 은행과 단체에서도 마찬가지다. 시기를 놓친 명예욕은 결국 조직 자체를 흔들고, 끝내는 무너뜨리기도 한다.

명예로운 퇴진에는 연습이 필요하다. **첫째**, 시기를 스스로 정해야 한다. 타인에게 밀려나는 퇴장은 고통스럽다. **둘째**, 매일 은퇴 후 자신의 모습을 그려야 한다. 어떤 기억으로 남고 싶은가. 잊혀지는 사람이 될 것인가, 기억되는 이름이 될 것인가는 준비의 차이다. 그리고 **셋째**, 박수칠 때 떠나라. 소명이 다했다고 느낄 때, 스스로 아름답게 무대에서 내려오는 것. 그것이야말로 가장 인상적인 퇴장이다.

두 명의 불세출 스타 쿼터백, 그들은 경기를 떠났지만, 사람들의 기억 속에서 여전히 찬란하다. 진정한 영웅은 승리의 순간보다 퇴장의 장면으로 기억된다. 무대를 떠나는 방식이야말로 그 사람의 품격을 말해주기 때문이다. 영광의 자리를 스스로 비운 이들의 뒷모습은, 그 어떤 트로피보다도 오래도록 존경받을 자취로 남는다.   (2016. 3)

08

죽기를 각오하면 산다
-이순신 장군에게 배우는 리더십

"필사즉생, 필생즉사(必死卽生, 必生卽死). 죽음을 각오하면 살 수 있고, 살고자 하면 죽는다."는 이 말은 이순신 장군의 삶과 리더십을 가장 정확하게 압축한다. 조국이 가장 위태로웠던 조선 중기의 바다 위에서, 그는 오직 죽음을 각오한 각성으로 생명을 지켜냈고, 민족의 운명을 바꿔놓았다.

지난 4월, 충무공 탄신 471주년을 맞아 한 모임에서 이순신 장군의 리더십을 주제로 강연을 진행했다. 강연을 준비하며 『난중일기』(노승석), 『이순신의 리더십』(노승석), 『경제전쟁시대 이순신을 만나다』(지용희) 등의 책을 읽고, 여러 영상과 기록을 통해 그의 인간적 면모와 깊은 고뇌를 새롭게 발견하게 되었다. 영화나 드라마 속에서 수 없이 마주했던 영웅의 이미지보다, 활자 속 이순신은 훨씬 더 외롭고 고통스러운 싸움을 치른 인간이었다.

특히 명량대첩을 앞둔 순간, 이미 궤멸한 수군을 포기하라는 선조의 명에 대해 "신에게는 아직 열두 척의 배가 남아있사옵니다"라고 외친 장면은, 단순한 전술의 결정이 아니라 백성을 지키겠다는 비장한 결의였다. 당시 이순신 장군은 공포에 떨던 병사들과 백성들에게 "죽기를 각오하면 살 수 있다"고 호소하며 스스로 희망의 북소리가 되었다. 영화 『명량』은 이러한 그의 리더십을 강렬하게 시각화하며, 두려움을 용기로 전환시키는 리더의 조건을 깊이 있게 담아냈다.

만약 명량해전에서 조선 수군이 패배했다면, 우리는 지금 어떤 세상을 살고 있을까. 단순한 전투의 승패가 아니라, 조선이라는 국가의 존망이 걸린 싸움이었다. 충무공은 단지 병법의 대가가 아니었다. 가난한 집안에서 태어나 변방을 전전하고, 부당한 탄핵과 감옥살이에도 침묵하며, 전장에서 이기고도 공을 부하들에게 돌린 그는, 온몸으로 정의와 절제, 신뢰를 증명한 리더였다.

노량해전, 그의 마지막 전투. 휘하의 만류에도 불구하고 장군은 노출된 뱃머리에서 직접 북을 치며 병사들을 이끌다 전사했다. 이미 승기를 잡은 전투에서, 그는 왜 그렇게 끝까지 앞장섰을까. 일본 역사서 『근세 일본사』는 이순신을 '이기고 죽었고, 죽고 나서도 이긴 자'라고 평가한다. 이는 이순신 장군이 단지 살아 있는 동안의 승리자가 아니라, 죽음을 넘어선 진정한 영웅임을 의미한다.

강연 당일, 특별한 인물이 자리를 함께했다. 바로 이순신 장군의 12세손 이준영(86) 옹이다. 그는 1991년 도미해 LA에 정착한 이후, 강제징용 피해자의 권리 회복 운동과 함께 미주 덕수 이씨 종친회의 고문으로 활동하며 충무공의 정신을 전하고 있다. "가문의 명예를 지키는 것은 곧 조국에 대한 충심의 연장선"이라는 그의 말은 깊은 울림을 남겼다.

이순신 장군의 거북선은 단순한 무기 체계가 아니라, 절망 속에서 희망을 창조한 상징이었다. 난중일기의 기록 정신은, 일상의 혼란 속에서도 흔들리지 않는 자기 성찰을 보여준다. 청렴과 절제, 끝없는 자기희생. 그리고 반드시 죽고자 하는 각오로 살아남은 그 리더십.

오늘날의 리더십 담론 속에서 우리는 이순신 장군의 삶과 사유로부터 어떠한 통찰을 도출할 수 있을까. 그는 단순한 군사적 영웅을 넘어, 국가적 위기 속에서 책임과 통찰, 전략적 사고를 체현한 인물이었다. 시대적 배경과 이념, 세대의 차이를 뛰어넘어 그의 리더십은 여전히 현대사회에 유의미한 화두를 던진다. 진정한 리더십이란 무엇이며, 어떻게 실천되어야 하는가에 대한 본질적 질문이다.

그 물음에 대한 답은 단순한 역사적 존경의 표현을 넘어, 실천 가능한 윤리적 태도와 책임감 있는 행동으로 이어져야 한다. 충무공의 리더십은 말이 아닌 행동, 이론이 아닌 실천을 통해 드러났다.

죽음을 각오한 결단으로 생명을 구했던 이순신. 그의 이름은 더 이상 과거에만 머무르지 않는다. 오늘날의 우리에게도, 책임과 헌신, 정의를 되새기게 하는 살아 있는 교본으로 남아 있다. (2016. 5)

09

왜 지금 이순신 인가?

풍전등화의 조선을 왜구의 침략으로부터 지켜냄으로써 우리의 오늘을 가능하게 한 이순신 장군이 대한민국의 운명을 결정하게 될 6월 3일 제 21대 대통령 선거를 앞두고 빈번히 호출되고 있다. 정치가 위기를 만났을 때 영웅을 호출하는 방식은 한국 정치에서 이제 낯설지 않다.

시대와 정파를 넘어서 가장 많이 거명되는 이순신 장군은 더 이상 역사 속 인물이 아니다.

보수는 그의 '충정'과 '법의 존중'을, 진보는 그의 '민족주의'와 '서민적 리더십'을 각기 필요에 따라 조각해 가져간다. 그의 리더십은 위기의 민생, 미국과의 관세 전쟁, 정치 양극화 등으로 국내외적으로 어려움에 처한 대한민국의 대통령 선거 한복판으로 끊임없이 '소환'되고, 때로는 전략적 상징으로 소비된다.

이재명 더불어민주당 대선후보의 '국난 극복 이순신 호국벨트' 구상이 가장 대표적인 예이다. 그는 지난 14~15일 부산에서 시작해 이순신 장군의 백의종군 유적지 경남(창원,통영,거제)을 거쳐 전남(여수,순천,목포)까지 이어지는 전·호남 지역의 유세를 진행하면서 보수에 맞선 민주당의 전략벨트를 형성하겠다는 의지를 드러냈다. 이 구상은 단순한 지역공약이 아니라, '호국'이라는 정서적 상징과 이순신의 이미지를 선점함으로써 유권자의 정체성과 감성을 자극하려는 정치적 계산이 숨어 있다. "나라가 위기일 때 백성을 지킨 영웅"이라는 서사를 현재 정치 투쟁에 끌어오는 셈이다.

그러나 일각에서는 대한민국 역사상 가장 존경받는 인물인 이순신 장군을 이 후보측에서 선거전략에 활용하다는 것이 과도하다는 지적도 나오고 있다. 즉 이순신 장군의 역사적 상징성을 정치적 유세에 활용하는 것이 적절한 지에 대한 비판도 제기되고 있다.

반대편 스펙트럼에서도 이순신은 다르지 않게 활용된다.

"지금은 김문수라는 대장선을 따라야 할 때입니다." 안철수 국민의힘 공동선거대책위원장이 지난 15일 연일 고군분투하고 있는 국민의힘 김문수 대선 후보를 이순신 장군에 비유해 한 말이다. 정치적으로 주류가 아닌 김 후보의 행보를 '충의의 리더십'으로 포장하며 국민적 정당성을 부여하고자 한 발언이었다. 안 위원장은 김문수 후보를 이순신 장군에 비유하며 "목숨을 바쳐 나라를 지킬 사람"이라고 말했다. 김문수는 정치적으로는 소수파이지만, '충정과 희생'이라는 키워드를 통해 이순신의 '의로움'에 접속시킴으로써 그 정치적 선택에 정당성을 부여하려 하고 있다. 역사적 상징 자산을 현재 정치적 효용으로 환원시키고 있다. 이순신의 리더십은 부하 장수들의 신뢰 위에 세워졌고, 그의 배는 패배한 전장을 다시 하나로 모으는 통합의 상징이었다.

그러나 김문수를 그런 리더십의 대장선에 비유하는 순간, 문제는 단지 '비유'가 아니라 '현실성'에 있다. 이순신이 생사를 넘나들며 거둔 신뢰와 통합의 리더십이 김문수에게 과연 투영 가능한가?

이처럼 이순신 리더십은 좌우를 가리지 않고 '정치적 무기'가 되고 있다. 그 리더십의 핵심은 '위기 상황 속 결단력', '국가 중심의 충성심', 그리고 '개인의 희생'이다. 이런 속성은 정쟁과 진영 논리로 점철된 현재의 대한민국 정치상황에서 상대적으로 부족한 미덕으로 인식되며, 따라서 '차용 가치'가 높다고 할 수 있다. 하지만 문제는 그 소환이 단지 '상징 자산의 소비'에 머무를 때다. '이순신 리더십'은 단순한 영웅 숭배가 아니라 철저한 자기 책임, 치밀한 전략, 조직 운영의 지혜에서 나온 결과였다. 그런 본질을 망각한 채 이미지 소비만 반복된다면, 정치가 오히려 국민에게 '이순신'을 팔고, 정작 그의 정신은 기만하는 셈이 된다.

영웅을 호출하는 시대는 아직 끝나지 않았다. 하지만 국민은 점점 피로감을 느끼고 있다.

정치는 다시 물어야 한다. 누가 대장선인가가 아니라, 누가 바다에 먼저 뛰어들 각오가 되어 있는가를. 정치는 더 이상 영웅을 호출하는 방식으로 위기를 넘길 수 없다. 국민은 이제 화려한 수사보다 진짜 책임지는 지도자를 원한다. 이순신을 입에 담을 자격은, 말이 아니라 태도와 실천에서 나온다.

결국, 이순신 장군을 소환할 수는 있어도, 그 리더십을 구현할 수 있는가가 문제이다. 영웅을 호출하는 정치가 아니라, 그 정신을 계승하는 정치가 필요한 때다. 대한민국 정치가 진짜 '이순신'을 원한다면, 그의 말을 기억해야 한다.

"필사즉생, 필생즉사(必死卽生, 必生卽死). 죽음을 각오하면 살 수 있고, 살고자 하면 죽는다." (2025. 5)

〈정치전문매체 「어셈블리 인사이더」〉

10

니가 기자냐?

　최근 영화 『택시운전사』를 보며 1980년 5월의 봄, 대학에 갓 입학해 신발이 닳도록 민주화를 외치며 거리를 누비던 시절이 떠올랐다. 하지만 기자의 눈을 사로잡은 건 광주의 참상을 세계에 알린 독일 제1공영방송의 위르겐 힌츠페터 기자였다. 생사의 경계선 위에서도 진실을 전하려 했던 그의 투철한 기자정신은 지금도 가슴을 울린다.

　그 영화를 보고 나니, 1992년 4월 29일 LA 폭동이 터졌던 날이 떠올랐다. TV 방송국에서 근무하던 당시, 보도국은 비상체제에 돌입했고 나는 밤샘근무를 했다. 드라마나 쇼가 방송되던 시간, 시청자들의 항의전화는 빗발쳤다. "니가 기자냐?", "방송국이 제정신이냐?"며 거친 욕설이 쏟아졌다. 자신들의 업소가 불타고 있는지도 모르는 상황에서, 언론이 제 역할을 하지 못한다는 분노였다.

　30일 아침, 보도국장은 나를 사우스 LA 현장으로 보냈다. 겁도 났고, 다른 기자들도 있었는데 왜 나인가 싶었지만, 선배 카메라 기자와 함께 미국 기자들조차 꺼리는 폭동의 중심지로 향했다. 우리는 방화, 약탈 현장을 생생히 기록했고 피해 한인 업주들을 인터뷰했다. 밤을 새운 탓에 혼미한 정신으로 돌아오는 길, 흑인폭도들의 차량과 접촉사고가 나 쫓기듯 도망치기도 했다. 하지만 밤새 들었던 "니가 기자냐?"라는 독설이, 그날의 취재로 조금은 상쇄된 듯해 뿌듯했다.

1996년, 한인타운에서 대형 사기사건이 발생했을 때, 우리 방송만이 사건을 놓쳤다. 사장은 "어떻게 우리만 이걸 몰랐나?", "니가 기자냐?"며 불호령을 내렸다. 차장 기자로서 면목이 없었다. 사장실을 나와 혼자 계단에서 눈물을 삼키며 다짐했다. 그날 이후 경찰과의 네트워크를 강화하고, 제보 시스템을 재정비했다.

그로부터 얼마 지나지 않아, 김조원 씨 사건을 다루게 됐다. 히스패닉 청소년이 운영하던 리커스토어에서 맥주를 훔치다 김 씨가 총을 쐈고, 사건은 살인혐의로 비화되었다. 하지만 지역 커뮤니티의 탄원과 김 씨의 평소 선행, 가족사 등을 심층적으로 추적한 끝에 LA 카운티 감옥에서 김 씨와 단독 인터뷰를 성사시켰다. 정신질환을 앓는 부인과의 애틋한 관계를 담은 다큐멘터리 '세 발의 총성—깨어진 꿈'은 1997년 KBS 서울프라이즈에서 최우수작으로 선정되었고, 이전의 실수를 질타했던 사장도 이번에는 미소를 지었다.

요즘은 '기레기'라는 단어가 흔하다. 인터넷과 스마트폰의 대중화로 기자의 위상도 예전만 못하다. 하지만 여전히 재난 현장, 전쟁터, 폭동의 한복판에서 진실을 좇는 기자들이 있다. 불의와 타협하지 않고, 묻히는 진실을 파내는 탐사보도를 멈추지 않는 기자들이 존재하

미주한국일보 사무실에서 전화 취재하는 박흥률 국장

기에, 우리는 조금 더 나은 세상을 꿈꿀 수 있다. "니가 기자냐?"라는 말은, 부끄러운 질문이 아니라 늘 마음속에 새기며 던져야 할 물음인지도 모른다. (2017. 3)

11

나는 기자다!

1989년 10월, 한국일보 미주본사에서 기자 생활을 시작한 지 어느덧 30년이 흘렀다. 그동안 수많은 사건 현장을 누비며 각계각층의 사람들을 만나 취재하고, 때로는 눈물겹고 가슴 뜨거운 이야기를 기록했다.

1990년대 초·중반, LA 폭동과 노스리지 지진, 말리부 대형 산불 같은 대형 재난을 현장에서 취재했다. 특히 1992년 LA 폭동 당시에는 경찰조차 방어를 포기한 사우스 LA의 깊숙한 곳까지 진입해 폭도들의 약탈 현장을 생생히 담았다. 귀가 중에는 폭도들이 탄 차량과의 충돌로 목숨이 위태로운 상황을 맞기도 했다. 레지널드 데니 사건이 겹쳐 떠오르며, 살아 돌아온 것이 기적이었다는 생각이 들었다.

1994년 노스리지 지진 때는 대지진으로 남편과 장남을 잃은 한인 여성 이현숙 씨를 만나, 상실의 고통 속에서도 한인사회 복구에 힘쓰는 그녀의 이야기를 통해 지진이 남긴 상흔을 조명했다.

1996년, 김영삼 대통령의 LA 방문 당시 방송사 기자로서 인터뷰를 놓친 아쉬움을 뒤로하고 새벽녘 베벌리힐스 하이스쿨에 무작정 찾아갔다. 예상대로 조깅하러 나온 김 대통령에게 인터뷰를 요청했고, 경호원의 제지를 받으면서도 끝내 마이크를 놓지 않고 인터뷰를 성사시켰다.

1997년, 매리앤 구 LA 여성 경찰의 일정을 동행 취재하다가 우연히 매춘 단속 현장에 합류하게 되었고, 한인 여성들의 매춘 실태를 단독 보도했다. 한편으로는 한인사회의 민낯을 들춘 것 같아 마음 한켠이 불편했다.

그러나 훈훈하고 감동적인 순간도 있었다. 2001년 12월 25일, 간암으로 생명이 위독했던 김현숙 씨의 사연을 보도한 이후 수십 통의 전화가 신문사로 빗발쳤고, 결국 김종국 씨가 간을 기증해 김 씨는 기적처럼 회복했다. 기자 생활 중 가장 보람된 순간이었다.

같은 해, 멕시코 메리다에서 유카탄 한인 후예들을 취재하며 페드로 산체스라는 3세 한인을 만났다. 화장실도 없는 단칸방에서 평생을 살아온 그의 이야기는 큰 울림을 주었다. 기사 이후, 이 지역 한인들이 상해 임시정부에 독립자금을 보냈다는 사실이 재조명되었고, 21명이 뒤늦게 독립 유공자로 인정받는 계기가 되었다.

2009년, 한국일보 창간 40주년 기념 위트니산 등반팀의 일원으로 빙벽에서 추락하는 사고를 겪었다. 아이스엑스로 설벽을 내려치며 추락을 가까스로 막았고, 극적으로 생존할 수 있었다. 그때의 경험은 지금 살아 숨 쉬는 것만으로도 인생이 얼마나 소중한지 일깨워주었다.

기자로서 만난 인물들 중에서도 잊을 수 없는 이는 지금은 고인이 되신 카니 강 LA 타임스 기자다.

그녀의 다큐멘터리 '내 고향 고요한 아침의 나라'를 제작하며 그녀의 집요한 취재력과 철저한 기록정신, 역사에 대한 진지한 태도에 깊이 감명받았다.

기자는 말(言)을 기록(記)하는 사람이다. 기자의 말은 단순한 전달이 아니라 사회를 움직이는 나침반이 되어야 한다. 내가 지금도 그 일을 제대로 하고 있는지, 그 초심을 잃지 않고 있는지 다시금 되돌아보게 된다. (2019. 10)

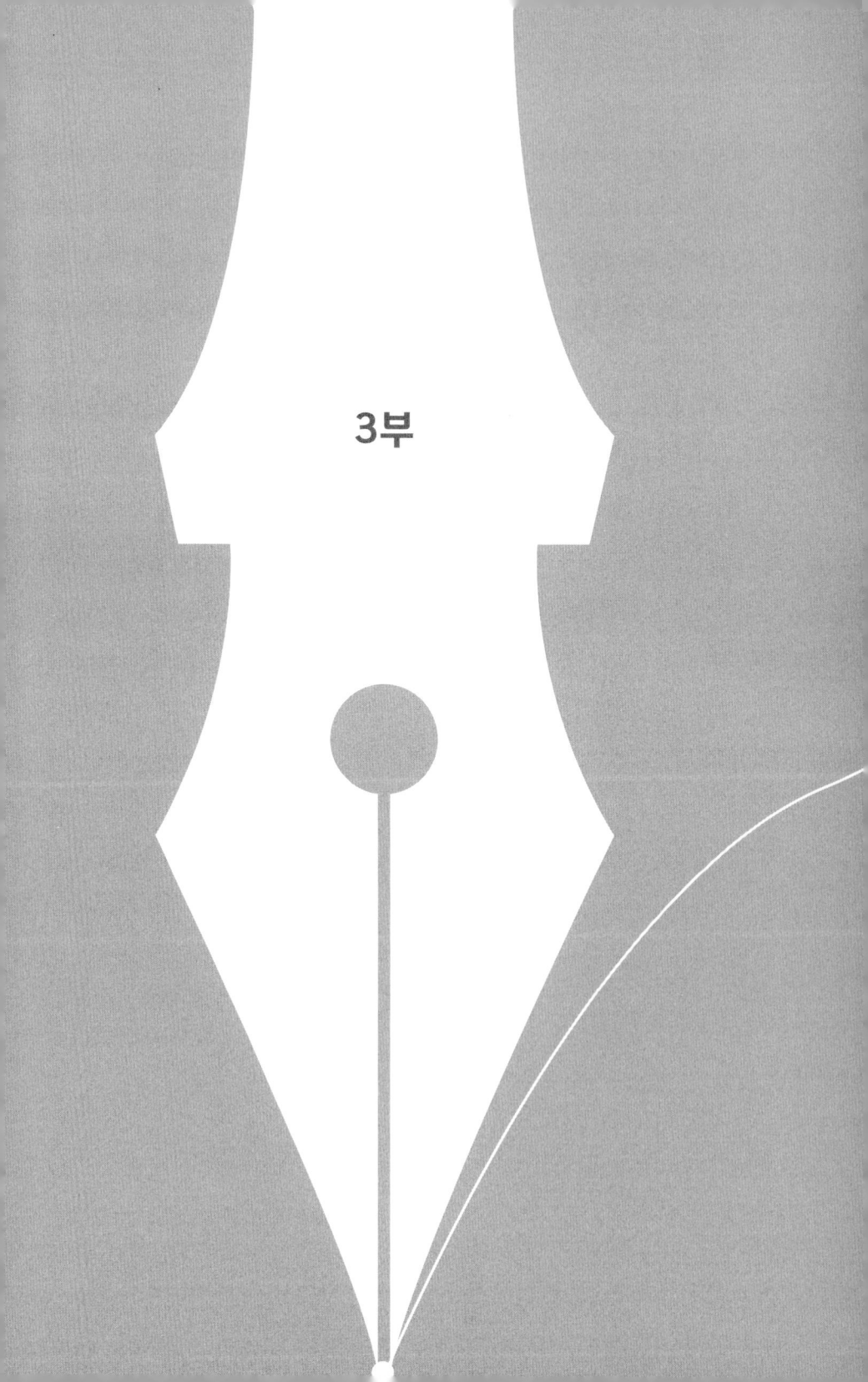

한민족 디아스포라(Korean Diaspora)

01

한인 은행장과 한민족 디아스포라

최근 한 신설 한인 은행이 신임 행장 선임 문제로 내홍을 겪고 있다. 이사회는 전문 헤드헌터를 고용하고, 선출위원회를 구성해 복수의 후보를 놓고 고심 중이다. 은행장이 은행 실적과 성장의 핵심이라는 점에서 이러한 진통은 익숙한 풍경이다. 그러나 이 장면을 반복해서 마주할 때마다, 우리는 보다 근본적인 질문을 던져야 한다. 무엇이 한인 은행 리더십의 지속적 흔들림을 낳는가.

한인 은행은 단순한 금융기관이 아니다. 그것은 한민족 디아스포라 공동체가 이 땅에서 뿌리내리며 일군 대표적 경제 인프라이자, 정체성의 상징이다. 이민 1세대의 피와 땀이 서린 금융기관은 서로를 신뢰하며 쌓아올린 공동체의 성취물이다. 그렇기에 은행장의 리더십은 단지 조직 내부의 문제가 아니라, 공동체 전체의 건강성을 비추는 거울이다.

은행장이 되면 조직의 상징이 되지만, 실제 그 자리는 결코 화려하지 않다. 이사회와의 조율, 규제기관과의 관계, 실적에 대한 압박, 내부 인사 갈등 등 끊임없는 긴장 속에서 중심을 잡아야 한다. 한인 은행의 짧지 않은 역사에서, 임기를 채우고 명예롭게 퇴임한 행장을 떠올리기란 쉽지 않다. 선출은 어렵고, 퇴장은 더 어렵다.

최근 3~4년동안만 해도 은행의 성장을 이끌었다는 평가에도 불구하고 한미은행의 육증훈, 나라은행의 양호 행장 등이 이사진과의 갈등으로 도중하차했으며 새한의 김주학 행장도 본인의 의지와는 상관없이 조기 퇴진해야 했다. 중앙은행의 유재환 행장과 아이비은행의 홍승훈 행장도 한미와 나라은행장 재직시 조기퇴진의 아픔을 겪었다. 어렵사리 선출한 행장을 불명예 퇴진시켜야 했던 이사회도 뒷맛이 씁쓸했을 것이다. 이사회는 새로운 행장을 세우며 고심했겠지만, 한 번 더 공동체는 신뢰를 잃었고 조직은 피로해졌다.

이런 상황이 되풀이되는 이유는 단지 인물의 문제가 아니다. 이는 디아스포라 공동체가 겪는 리더십 구조의 미성숙에서 비롯된다. 출신 배경, 세대 차이, 문화적 간극이 리더십 선택의 기준을 흐리게 만들고, 비전보다 이해관계가 앞서는 구조가 굳어지면서, 누구도 오래가지 못하는 자리가 되어버렸다.

은행마다 '한국 출신이 낫다', '로컬 출신이 낫다', '주류 출신을 데려와야 한다'는 논쟁이 되풀이된다. 그러나 이런 구도는 디아스포라 공동체의 본질과도 어긋난다. 이민자 사회란 본래 이질적 경험과 배경이 공존하며, 융합의 리더십을 통해 성장해온 공동체다. 출신이 아니라, 서로 다른 세대와 가치관을 조율하고, 공동체 전체에 비전을 제시할 수 있는 인물이야말로 이 시대의 한인 은행장이다.

이제는 변해야 한다. 행장이 명예롭게 물러날 수 있는 구조, 내부에서 차세대 리더를 길러내는 시스템, 혹은 외부에서 공동체 친화적인 인재를 무리 없이 영입할 수 있는 체계를 갖춰야 한다. 그것이야말로 공동체의 성숙을 보여주는 지표다.

한인 은행도, 한민족 디아스포라도 이제는 1세대의 개척기를 넘어 새로운 전환기를 맞고 있다. 은행장이라는 자리가 개인의 성공이 아니라 공동체의 미래를 설계하는 자리라는 인식 위에서, 더 이상 갈등의 반복이 아닌, 신뢰와 계승의 문화가 정착되어야 할 때다. (2007.6)

02

글로벌 한상 네트워크,
한국 경제의 미래를 열다

지난 19일부터 21일까지 대구에서 열린 제9차 세계한상대회와 25일부터 28일까지 경기도 수원과 일산에서 개최된 제15차 세계한인경제인대회를 현장에서 취재할 기회를 가졌다. 이는 2002년 서울 제1차 대회와 2006년 부산 제5차 대회 이후 세 번째 현장 취재다.

제9차 세계한상대회는 '한상 네트워크'의 위상을 높이며 사흘 간의 일정을 성공적으로 마무리했다. 이번 대회는 해외 한상과 국내 기업, 지방자치단체 간의 전략적 네트워크 구축이 두드러졌으며, 이를 통해 국내외 기업인들에게 새로운 비즈니스 기회와 비전을 제시했다는 평가다. 전 세계 43개국에서 3,200여 명의 경제인들이 참가해 높은 관심을 나타냈다.

특히, 이번 대회 기간 동안 다양한 기관과 단체 간 MOU 체결이 활발히 이루어졌다. LA 한인상공회의소와 경상북도의 업무협약을 비롯해 지역 병원과 한상 단체, 그리고 한상 간의 협약이 총 27건에 달해 역대 최대 기록을 세웠다. 이는 이전 대회보다 3배 이상 증가한 수치다.

또한, 젊은 한상들의 활약이 두드러졌다. '영비즈니스 리더 포럼' 참가자 수는 전년 대비 두 배 증가한 100여 명에 이르렀고, 포럼 출신들이 조직한 '영비즈니스 리더 네트워크'는 페이스북과 트위터 등 SNS를 적극 활용하며 젊은 감각을 과시했다. 이들은 실시간 정보 공유와 활발한 소통을 이어갔다.

이어 개최된 제15차 세계한인경제인대회는 세계해외한인무역협회(월드옥타)와 경기도가 공동주최했으며, 61개국 113개 도시에서 약 900여 명이 참석해 역대 최대 규모를 기록했다. 이번 대회는 '세계 속의 한민족, 하나 되는 경제권'을 슬로건으로, 글로벌 한인 경제 네트워크의 결속력을 강화하는 계기가 되었다.

한상과 월드옥타가 구축한 글로벌 경제 네트워크는 이제 한국 정부도 간과할 수 없는 존재로 성장했다. 중국의 경제력이 세계 2위까지 뛰어오른 데에는 전 세계에 퍼져 있는 화상들의 활약이 컸음은 주지의 사실이다. 이들 조직의 네트워킹은 중소기업의 해외 진출과 청년 실업 문제 해결에 기여하고 있으며, 본국 정치인들의 참여와 관심을 끌어내고 있다.

1981년 설립된 월드옥타는 처음 소규모로 시작했으나, 설립 30주년을 앞둔 현재 차세대를 포함해 약 1만4,000명 규모로 성장했다. 초기의 단순한 명함 교환에서 출발해, 현재는 지속적인 소통과 협력 사업을 전개하는 단계로 진화했다. 인간적인 유대와 신뢰를 바탕으로 이루어진 성과다. '구슬이 서말이라도 꿰어야 보배'라는 속담이 있다. 한상과 월드옥타의 실질적인 네트워킹이 성과를 거둔다면 한국 경제가 선진국 수준으로 도약하는 발판이 될 것이다. (2010. 10)

03

한미은행 30년, 한인 금융의 역사와 미래

1982년, 순수한 지역 자본으로 미국 땅에 설립된 최초의 한인 은행인 한미은행이 창립 30주년을 맞았다. 정원훈 초대 행장과 조지 최 초대 이사장이 100명의 일반주주와 이사 8명으로부터 투자받은 총 544만 2,500달러의 자본금으로 출발한 한미은행은, 지난 30년 동안 한인 커뮤니티의 성장과 함께하며 든든한 금융 파트너로 자리 잡았다.

한미은행의 역사는 곧 한인 금융의 역사이기도 하다. 벤자민 홍 행장(1988~1994)의 실질적인 미국식 경영 도입과 한인 은행 최초의 SBA 융자, 민수봉 행장(1994~1999)의 글로벌 은행 인수 및 한인 커뮤니티 최대 은행으로의 도약, 육증훈 행장(1999~2003)의 지주회사 설립 및 나스닥 상장, 그리고 유재환 행장(2003~2004)의 퍼시픽유니온은행(PUB) 인수는 한미은행이 한인사회를 대표하는 금융기관으로 성장하는 데 중요한 전환점이 되었다. 그러나 이러한 성장에도 불구하고, 은행은 금융위기의 파고를 피해 갈 수 없었다.

2008년, 미국 금융위기가 닥치며 한미은행도 큰 어려움을 겪었다.

리먼 브러더스 파산 이후 부실대출 급증과 대규모 손실 누적으로 인해 자본 건전성이 급격히 악화했고, 일부 고객들이 예금을 인출하며 은행의 존폐 여부가 거론될 정도였다. 2009년 말, 감독국으로부터 1억 달러 증자 명령을 받았을 때는, 증자에 실패한다면 은행의 존립 자체가 위태롭게 되는 절체절명의 순간이었다. 다행히 2010년, 우리금융지주로부터 최대 2억 4,000만 달러 투자계약을 맺으며 회생의 돌파구를 마련했고, 한인 커뮤니티의 적극적인 지원 속에 1억 2,000만 달러의 주식 공모를 통해 증자에 성공하면서 기사회생할 수 있었다. 이후 우리금융지주의 한미은행 인수가 무산되면서 독자 생존의 길을 걷게 되었지만, 2011년 나라은행과 중앙은행의 합병으로 탄생한 BBCN 은행에 한인 커뮤니티 최대 은행 자리를 내주게 되었다. 한때 30달러를 넘었던 한미은행 주식이 1달러도 안 되는 수준으로 추락하며 많은 투자자가 손실을 입기도 했다.

하지만 긴 침체의 터널을 지나 주식 병합 등의 조치를 통해 현재는 주가가 12달러대로 회복하는 등 점차 안정세를 찾아가고 있다.

한미은행은 단순한 금융기관이 아니라, 한인 금융계의 인재를 배출하는 '은행 사관학교' 역할을 해왔다. 벤자민 홍, 민수봉, 육증훈 전 행장들은 퇴임 후에도 한인 금융계에서 중요한 역할을 했으며, 조앤 김 커먼웰스 은행장, 조혜영 태평양은행장, 민 김 오픈은행장 등 많은 금융 전문가들이 한미은행에서 경력을 쌓고 성장해 갔다. 오랜 시간 월가에서 한미은행은 '한인 은행의 대명사'로 불렸고, 한미은행 실적이

흔들리면 다른 한인 은행들 역시 영향받을 정도로 그 비중이 컸다.

그러나 성장만큼이나 중요한 것은 지속 가능한 발전이다. 한미은행의 성장은 충성도 높은 고객, 애사심 투철한 직원, 그리고 한인 커뮤니티의 관심과 지원 덕분에 가능했다. 앞으로는 외형적인 성장보다 내실을 다지고, 차근차근 순이익을 올리는 것이 중요한 과제가 될 것이다. 한미은행 광고모델인 추신수 선수가 끊임없는 도전 정신과 노력으로 성과를 만들어내듯, 한미은행도 지난 수년간의 역경을 발판삼아 새로운 도약을 준비해야 한다.

한미은행이 더 이상 한인사회에만 안주하지 않고, 주류사회로의 진출을 적극적으로 모색하는 일은 앞으로의 중요한 과제다. 고객 중심의 편리하고 혁신적인 금융 상품과 서비스를 개발하고, 인수 합병을 통한 지점망 확장과 경쟁력 강화도 꾸준히 이어가야 한다. 커뮤니티에 이익을 환원하고, 소비자에게 신뢰받는 은행으로 자리매김하는 것—그것이야말로 한미은행이 나아가야 할 방향이다.

지난 30년이 한인 금융의 과거와 현재를 비추었다면, 앞으로의 30년은 한미은행이 어떻게 미래를 개척해 나갈지를 보여줄 시간이다.

(2012. 10)

04

자서전 쓰기

사람은 누구나 한 번뿐인 삶을 살아간다. 그 삶이 올바른 방향으로 가고 있는지, 진정 원하는 삶인지 돌아보는 좋은 방법 중 하나가 바로 자서전 쓰기다.

그러나 자서전에 대해 많은 이들이 편견을 갖고 있다. 자서전은 유명인만 쓰는 것이며, 은퇴한 뒤에나 가능한 일이고, 글솜씨가 뛰어나야 하며, 자칫 자기 자랑처럼 보일 수 있다는 선입견 때문이다.

자서전은 결코 거창하거나 어려운 작업이 아니다. 자서전을 쓰는 과정은 자신의 삶을 돌아보고 감정을 정리하며, 지난 상처를 객관적으로 마주하는 치유의 시간이 될 수 있다. 자서전은 타인이 아닌 자신이 직접 써 내려가는 삶의 기록이다. 살아온 인생을 회상하고 체계적으로 정리하는 글인 셈이다. 학창 시절, 선생님들이 복습의 중요성을 강조하던 기억이 떠오른다. 자서전을 쓰는 일도 그와 닮았다. 지나온 삶을 복습하고, 다가올 삶을 예습하는 소중한 기회가 될 수 있기 때문이다.

그동안 앞만 보며 정신없이 살아왔다면, 이제는 자서전을 통해 스스로를 돌아보고 미래를 준비하는 시간을 가져보는 것은 어떨까? 사회생활에서도 복습과 예습은 중요하다. 자신의 삶을 기록하며 과거를 돌아보고, 앞으로 나아갈 방향을 모색하는 것이야말로 자서전을 쓰는 중요한 이유다.

얼마 전, 자서전 쓰기에 대한 책을 읽으며 지난 삶을 되돌아보고 현재를 기반으로 미래를 조명하는 소중한 시간을 가졌다. 막상 자서전을 쓰려고 하니 어디서부터 시작해야 할지 막막했다. 그러다 나 자신과 가족을 위해 쓰는 것이라 생각하니 부담이 좀 줄었다. 그동안 써온 일기, 앨범, 비디오를 살펴보며 나는 나만의 역사 기록자가 되기로 했다.

중국에서는 평범한 사람들도 매일 일기를 쓰고 기록을 남긴다고 한다. 덕분에 대형 사건이 발생했을 때, 같은 날 기록된 여러 사람의 일기를 비교하면 다양한 시각이 드러난다고 한다. 나도 그동안 써온 일기를 검토하는 작업부터 시작했다.

예를 들어, 1976년 8월 1일 일기에는 이런 내용이 적혀 있다. "아침 9시 27분, 몬트리올에서 양정모 선수가 레슬링 경기에서 우리 민족의 숙원이던 금메달을 따냈다. 애국가가 울려 퍼지는 가운데, 대한 건아는 씩씩한 자세로 관중들의 환호에 답했다."

36년 전, 한국 올림픽 역사상 첫 금메달을 목에 건 양정모 선수의 모습이 지금도 선명하게 떠오른다.

LA에 사는 이동기 옹은 90세가 넘은 지금도 매일 일기를 쓴다. 2002년 자서전 『강물이 흘러가듯 구름이 지나가듯』을 펴내며, 그는 한국 현대사의 격동기를 몸소 겪으며 느낀 고초와 사유를 담담하게 기록했다. 책머리에는 "더 늙기 전에 내가 살다 간 사실들을 기록하여 자손들에게 전하고 싶다. 나의 삶이 그들에게 조금이나마 교훈이 되길 바란다"고 적었다. 그는 자신의 이야기를 통해 가족에게 삶의 흔적과 교훈을 남기고자 했지만, 그 기록은 동시에 당시 시대를 살아낸 한 개인의 귀중한 증언이 되었다. 이처럼 평범한 사람의 자서전은 개인을 넘어 역사의 빈틈을 채우는 중요한 사적 기록이 될 수 있다.

자서전은 반드시 글로만 남겨야 하는 것은 아니다. 오디오북, 팟캐스트 인터뷰, 가족과의 대화 녹음 등 다양한 형태로 기록할 수도 있다. AI 기술을 활용해 자동으로 글을 정리하거나, 기존 기록을 바탕으로 자서전을 구성하는 방법도 있다. 과거에 본 영화 『My Life』가 떠오른다. 신장암으로 시한부 판정을 받은 주인공이 태어날 아기를 위해 자신의 모습을 비디오에 담는다. 이후 아이는 아버지의 비디오를 보며 아버지를 기억한다. 요즘은 블로그나 유튜브를 통해 다양한 방식으로 삶을 기록할 수 있는 시대다. 즉, 자서전을 더 흥미롭고 창의적인 방식으로 표현할 수 있다.

자서전 쓰기는 단순히 과거를 회고하고 정리하는 데 그치지 않는다. 이는 가업의 전승이나 가족사 보존을 위한 중요한 매개가 될 수 있으며, 가문의 전통을 체계적으로 기록하거나 후손에게 가훈과 삶의 철학을 전달하는 수단으로도 활용된다. 자서전은 단순한 개인 서사가 아닌, 가족과 공동체가 함께 공유할 수 있는 서사적 자산이다. 이를 통해 가족 간의 세대차를 좁히고, 지역 사회 내에서 세대 간 이해와 연대를 촉진하는 역할도 수행한다. 궁극적으로 자서전 집필은 자신의 존재 의미와 삶의 비전을 재정립하고, 남은 생의 방향성을 새롭게 설정하는 성찰적 과정이 될 수 있다. (2012. 8)

05

한인사회의 미래, 정치 참여에 달렸다

1992년 4.29 폭동 당시 한인사회는 '잘못된 시간에 잘못된 장소에 있었다'는 이유로 막대한 피해를 입었다. 폭동으로 2,300여 개의 한인 상점이 파괴되었고, 피해액만 약 4억 달러에 달했다. 이는 정치력 부재로 인한 피해라는 인식을 한인사회에 각인시켰다. 당시 한인 커뮤니티의 권익을 적극적으로 대변할 정치인이 없었던 탓이다.

그러나 같은 해 11월 선거에서 김창준 다이아몬드바 시장이 한인 최초로 연방하원의원에 당선됐으며, 정호영 씨 역시 가든그로브 시의원에 당선되는 정치적 성과를 거두었다. 당시 별다른 지원 없이 이룬 이들의 당선은 한인사회에 큰 감격을 주었다.

이제 20여 년이 지난 지금, 한인들의 연방하원의원 도전이 활발히 진행 중이다. 지난 1일 강석희 어바인 시장이 한인사회를 대표해 연방하원의원 출마를 공식 선언했다. 미셸 스틸 박 주 조세형평위원회 부위원장도 출마를 적극적으로 검토 중이며, 영 김 에드 로이스 의원 보좌관과 최준희 전 에디슨 시장 또한 각각 풀러튼과 뉴저지 지역에서 출마 의사를 밝혔다. 이들은 이민정책 개선, 소상공인 지원, 교육 지원 확대 등 한인사회와 밀접한 분야의 정책을 핵심으로 제시하고 있다. 이들의 연방하원의원 도전은 한인사회의 도전과 직결된다. 강석희 시장은 자서전 '유리천장을 넘어서'에서 4.29 폭동을 정치 입문의 결정적인 계기로 언급했다. 당시 서킷시티 매니저였던 그는 한인들의 삶이 하루아침에 무너지는 모습을 보며 정치의 필요성을 절실히 느꼈다고 고백했다.

최근 열린 '제1회 한인 정치 컨퍼런스 및 차세대 리더십 포럼'에서도 한인사회의 정치적 관심과 참여 필요성이 강조됐다. 김봉환 LA 주민수권국 디렉터는 "4.29 폭동 이후 한인사회가 커뮤니티 보호를 위한 정치적 영향력의 중요성을 인식하게 됐으며, 선거구 재조정과 투표 참여가 시급하다"고 밝혔다. 정치적 영향력을 가진 정치인의 당선을 위해서는 한인들의 적극적 관심과 참여가 필수적이라는 데 참가자들이 뜻을 같이했다.

한인사회 내 상당수는 미국 정치를 정치인만의 영역이라 여겨 소극적이다. 하지만 경제 위기, 캘리포니아주의 막대한 재정적자, 대학 학자금 문제 등 일상생활의 모든 분야가 정치와 밀접히 연결되어 있다. 실제로 지난해 한인 커뮤니티가 적극적으로 의견을 표명한 덕분에 CRA가 윌셔와 호바트 지역에 커뮤니티 센터와 공원을 조성할 수 있었던 사례는 정치 참여의 중요성을 입증하는 좋은 예다.

이번 한인 후보들의 연방하원의원 도전이 성공하려면 한인사회의 전폭적인 지지와 정치적 지원이 필수다. 한인사회가 정치의 중요성을 깨닫고, '정치는 큰 경제'라는 인식 전환이 요구된다. 예컨대, 정치적 영향력이 강한 커뮤니티는 지역 예산 확보와 경제적 혜택을 더욱 잘 누릴 수 있음을 보고 있지 않은가.

한인 후보들의 이번 도전은 한인사회가 미국 정치에 관심을 가지고 적극 참여할 중요한 계기가 될 것이다. 우리가 지지하는 정치인을 통해 주류사회에 한인사회의 목소리를 명확하게 전달해야 한다. 지난해 중간선거에서 단 3표 차이로 당선된 베트남계 자넷 누엔 오렌지카운티 수퍼바이저 사례는 투표의 중요성을 다시 한번 일깨워준다.

2012년은 대통령 선거와 연방 상·하원의원 선거가 있는 중요한 해다. 한인사회의 정치 참여가 더욱 절실한 이 시기에 20년 만의 한인 연방하원의원 탄생을 기대해 본다. (2011. 7)

06

2016년 미 대선과 한인사회

말도 많고 탈도 많았던 2016년 미국 대통령 선거가 마침내 막을 내렸다. 도널드 트럼프 후보가 대통령에 당선되면서 미국 사회는 적지 않은 후유증에 직면했다. LA, 뉴욕, 시카고 등 주요 대도시에서는 여전히 트럼프 당선을 인정하지 않겠다는 시위가 이어지고 있다. 특히 LA 통합교육구에 소속된 고등학생들까지 거리로 나서면서, 이번 선거가 남긴 사회적 파장이 만만치 않음을 보여주고 있다.

이번 대선은 애초부터 유권자들의 피로감을 자아낸 선거였다. 공화당과 민주당 양당 모두 도덕성·신뢰성 논란에서 자유롭지 못한 후보를 내세운 탓에, 미국 전역의 유권자들은 사실상 '차악(次惡)'을 선택해야 하는 고민을 안았다. 선거 직전까지 각종 여론조사에서 밀리던 트럼프가 최종 승리를 거두면서 많은 이들이 충격을 받았다. 뉴욕 타임스와 CNN 등 유력 언론이 일제히 힐러리 클린턴의 승리를 예측했던 만큼, 언론의 편향적 보도에 대한 자성의 목소리도 커졌다.

북가주 실리콘밸리에서 일하는 한 한인 전문직 여성은 트럼프의 여성 비하 발언과 반이민 정서에 극심한 스트레스를 겪은 끝에 우울증 증세까지 호소하고 있다. 심지어 캐나다 이민을 심각하게 고려 중이라고 전했다. 전국의 한인 유권자들도 참으로 고민스러운 한 표를 행사했다.

아시아태평양계 시민참여기금(APIAVote)이 실시한 선거 이후 조사에 따르면, 전국의 아시아계 유권자 2,391명 중 300명의 한인을 포함한 결과에서, 한인 유권자의 65%가 힐러리 클린턴에게, 30%가 트럼프에게 표를 던진 것으로 나타났다. 클린턴 지지율이 상대적으로 높았던 배경에는 트럼프의 반이민 정책, 한미 FTA 재협상 주장, 한국의 안보 무임승차론 등이 영향을 미친 것으로 분석된다.

하지만 클린턴을 지지한 유권자들 중 상당수는 그녀에 대한 강한 지지보다는 '트럼프보다는 낫다'는 소극적 선택이었다. 이메일 스캔들 등으로 불거진 도덕성 논란에도 불구하고, '문제 많은 트럼프보다는 그나마 클린턴'이라는 판단이 적지 않았다.

일부 한인 유권자는 대통령 칸을 아예 기권하거나, 제3당 후보에게 표를 던졌다. 평생을 의사로 살아온 한 유권자는 투표용지에 대통령란을 공란으로 두었다. 누구도 미국의 미래를 맡길 만한 후보가 없다고 판단했기 때문이다. 또 다른 유권자는 자유당의 게리 존슨 후보에게 한 표를 던졌다. 대통령이 될 가능성은 희박하지만, 자신의 정치적 신념을 담고자 했다는 것이다.

반면 30%에 달하는 트럼프 지지 한인 유권자들은 오바마 정부의 진보적 사회정책—동성결혼 허용, 낙태지원 등—이 미국의 도덕적 기반을 훼손했다고 판단한 경우가 많았다. 스스로를 진보주의자라 밝힌 한 40대 한인 남성은 이메일 스캔들 속 힐러리 클린턴의 거짓 해명, 클린턴 재단 운영의 사익 논란, 그리고 오바마 8년간 악화된 인종갈등과 빈부격차에 실망을 느껴 결국 트럼프를 선택했다고 밝혔다.

백인 중산층을 상대로 비즈니스를 해온 또 다른 한인 유권자는 몇 달 전부터 주변 백인 고객들의 여론이 트럼프 쪽으로 기울고 있음을 감지했다고 전한다. 이민자 증가로 인한 일자리 위축 우려와 오바마케어 시행 이후 상승한 의료보험료가 민심을 움직였고, 무엇보다 클린턴의 거짓말이 결정적 실망 요인으로 작용했다는 분석이다.

트럼프 당선 이후에는 불법이민자 추방, 오바마케어 폐지, 멕시코 국경 장벽 건설 등 강경 공약들이 일부 후퇴하거나 수정될 조짐도 나타나고 있다. 이는 극단으로 기운 공약에서 벗어나 점진적으로 정책의 균형을 찾아가는 움직임으로 해석된다.

이번 대선은 미국 사회 내 이념, 세대, 지역, 인종 간 갈등을 적나라하게 드러냈다. 트럼프 당선인이 지금 필요한 것은 반대표를 던졌던 국민들까지 포용할 수 있는 '통합의 리더십'이다. 그가 진정 새 시대를 열고자 한다면, 트럼프를 찍은 유권자들이 '트럼프 개인'이 아니라 '보수적 가치'에 기대어 선택했다는 점을 명심해야 할 것이다. 전대미문의 대선 결과를 지켜본 한인사회는, 이제 시작된 새로운 4년이 미국을 어디로 이끌지 주목하고 있다.

(2016. 11)

07

LA 폭동 30주년, 우리가 잃은 것과 얻은 것

　LA 폭동 발생 30주년이 지나면서, 미주한인사회는 1992년 4월 29일의 비극을 다시 떠올리고 있다. 미국 이민사 120여년을 통틀어 가장 큰 충격과 전환점을 안겨준 사건이었던 이 날은, 단순한 피해의 기억을 넘어 오늘의 우리를 되돌아보게 한다.

　당시 2,300여 개의 한인업소가 약탈과 방화로 잿더미가 되었고, 피해액은 무려 4억 달러에 달했다. 한 명이 사망하고 수십 명이 부상을 입었으며, LA 한인타운의 중심이 송두리째 무너졌다. 이틀째인 4월 30일, 한인 청년 이재성 씨가 자경 활동 중 총격으로 목숨을 잃는 참사는 공동체에 더 큰 충격을 안겼다.

　폭동의 원인은 다양했지만, 당시 주류 언론이 조장한 한흑갈등과 정치력 부재가 한인사회를 희생양으로 만든 결정적 요인이었다. 사건 당시 한인사회의 목소리를 대변해 줄 정치인이 없었고, 이에 따라 사회적, 제도적 보호도 제대로 이루어지지 못했다.

　그러나 LA 폭동은 한인사회가 정치적으로 각성하는 계기가 되기도

했다. 같은 해 11월, 김창준 씨가 최초의 한인 연방하원의원에 당선되었고, 정호영 가든그로브 시의원 등 다양한 정치 리더들이 탄생했다. 이후 한인사회는 정계 진출을 활발히 이어가며 미셸 박 스틸, 영 김, 앤디 김, 메릴린 스트릭랜드 등 현역 연방하원의원을 배출하는 데까지 이르렀다.

정치력 신장을 위한 노력도 지속됐다. 한국일보는 2011년부터 미주한인 정치컨퍼런스 및 차세대 리더십 포럼을 통해 주류 정치권과 한인사회의 가교 역할을 해왔다. 이 모든 변화의 출발점은 바로 1992년의 아픔이었다.

이제 LA 폭동 30주년을 맞아, 우리는 이 사건을 단순한 회고의 차원에서 넘어서야 한다. 피해에 대한 정당한 사과와 보상 요구가 이어져야 하며, 이를 위해 특별위원회 구성과 법적 대응, 정치적 압박이 병행돼야 한다. 오클라호마 털사 학살 사건의 예처럼, 시간이 지났더라도 정의 실현은 가능하다.

폭동 당시 5,000건의 피해보상 신청서가 제출되었지만, 지금까지 실질적 조치가 이루어지지 않았다. 경찰의 부재로 인해 치안 공백 속에 희생된 한인들에게 공식적인 사과조차 없었다. 이제는 한인사회가 연대해 다시 목소리를 낼 차례다.

또한, 4.29의 역사와 교훈을 차세대에게 정확히 전하는 것이 중요하다. 이민가정에서는 자녀들에게 당시 상황을 설명하고, 공동체가 겪은 고통과 극복의 과정을 공유해야 한다.

1992년 KBS 아메리카 방송 기자 시절, 사우스 LA 한복판 폭동 피해 한인업소에서

"역사를 잊은 민족에게 미래는 없다"는 말처럼, LA 폭동의 기억을 교훈 삼아 우리는 또 다른 100년의 비전을 향해 나아가야 한다. 피해와 아픔을 넘어선 성찰과 연대만이 한인사회의 진정한 재건을 이끌 수 있다.

(2022. 3)

08

자랑스러운 50년 역사,
한인축제와 코리안 퍼레이드

제49회 LA 한인축제가 지난 9월 22일부터 25일까지 나흘간의 일정을 성공적으로 마쳤다. 코로나 팬데믹으로 인한 2년의 공백을 딛고 이뤄낸 성과는 단순한 행사 이상의 의미를 지닌다. 한인사회 전체가 함께 만들어낸 결과다.

수십만 명이 찾는 대규모 행사를 단기간에 준비해 치르는 일은 결코 쉽지 않다. 올해는 특히 팬데믹의 여파로 축제 개최 여부조차 불투명한 상황에서 불과 3개월 만에 모든 일정을 준비해 성공적으로 치러냈다. 이는 배무한 이사장을 비롯한 한인축제재단 관계자들의 헌신적인 노력의 결실이며, LA 시당국과 LAPD의 전폭적인 협조 덕분이기도 하다.

코리안 퍼레이드는 단순한 거리 행진이 아닌, 한인사회의 문화적 위상과 정체성을 알리는 장이다. 미국 내 주요 커뮤니티마다 고유의 퍼레이드를 갖고 있는 가운데, LA 한인사회는 '코리안 퍼레이드'라는 이름으로 미국적 전통과 한국적 멋을 조화롭게 융합한 상징적 행사를

49년째 이어오고 있다.

올해 퍼레이드는 팬데믹의 여진 속에서도 꽃차 제작과 용역업체들의 공백을 극복하며 철저히 준비됐고, "팬데믹을 넘어 전진"이라는 모토 아래 참여와 소통의 축제로 거듭났다. 단체, 기업, 기관들이 자발적으로 참여해 단절된 커뮤니티의 유대를 복원하는 데 큰 역할을 했다.

LA 한인축제와 코리안 퍼레이드는 내년이면 반세기, 50주년을 맞는다. 단일 커뮤니티 행사가 50년간 명맥을 유지하며 성장한 사례는 미주한인사회에서 유례를 찾기 어렵다. 이는 한인들과 지역 주민들의 지속적인 신뢰와 성원이 있었기에 가능했고, 미국 주류사회도 그 저력을 인정해왔다.

한국일보 미주본사는 코리안 퍼레이드 49년, 백상배 미주오픈 골프대회 41년, 문예공모전 42년, 무료 세금보고 세미나 33년 등 다양한 장수 행사들을 꾸준히 이어오고 있다. 한인사회 형성기였던 1970년대부터 시작된 이 사업들이 지금까지 지속될 수 있었던 건 단단한 책임감과 공동체 정신 덕분이다.

LA 한인축제와 코리안 퍼레이드는 단순한 이벤트가 아니다. 미국 땅에 뿌리내린 한인들의 문화적 성숙을 보여주는 상징이자, 차세대에게는 정체성과 자긍심을 일깨우는 소중한 자산이다. 내년, 50주년이라는 새로운 이정표를 앞두고, 지금부터 다시 준비해 나가야 할 때다.

(2022. 9)

09

위대한 미국의 재건

1992년 LA 폭동 당시 한인들은 공권력의 부재 속에서 흑인 폭도들이 업소를 약탈하고 방화하는 장면을 속수무책으로 지켜봐야 했다. "경찰은 어디에 있었는가?"라는 절규는 메아리로 돌아왔고, 아메리칸 드림을 품고 이민 온 이들에게는 깊은 배신감으로 남았다. 그리고 2021년 1월 6일, 트럼프 전 대통령의 지지자들이 워싱턴 DC 의사당을 습격한 사태는 미국 민주주의의 위기를 적나라하게 드러냈다. "이곳이 정말 미국인가?"라는 물음은 더 이상 낯설지 않다.

지난해 미국의 코로나19 대응은 아쉬움이 컸다. 늦어진 국가비상사태 선언, 정치화된 마스크 착용 논란, 일관성 없는 방역 지침, 경기부양책의 반복된 시행착오 등으로 인해 국민들은 일상 속 전쟁을 치러야 했고, 수많은 일자리가 사라졌으며, 수십만 개의 비즈니스가 문을 닫았다. 코로나19 사망자는 이미 2차 세계대전 미군 전사자 수를 훌쩍 넘었다.

미국은 왜 이 지경이 되었을까?

첫째, 정치의 극단화다. 민주당과 공화당은 더 이상 건설적인 논쟁을 하지 않는다. 협력과 타협은 사라지고, 상호 비난과 증오가 난무한다. 그 결과가 바로 의사당 습격 사태였다.

둘째, 고립주의의 부활이다. 파리 기후변화 협약 탈퇴, WHO 탈퇴 통보, 동맹 경시 등으로 미국은 국제사회에서 리더십을 잃었다. '미국 우선주의'는 세계 속 미국의 위상을 스스로 깎아내리는 결과를 초래했다.

셋째, 반이민 정책은 미국 사회의 근간을 흔들었다. 멕시코 국경장벽 건설과 극단적인 비자정책은 개방과 다양성을 바탕으로 성장해온 미국의 전통을 부정한 조치였다.

넷째, 의료 시스템의 붕괴다. 코로나19 초기, 뉴욕과 LA에서 의료장비 부족으로 환자가 적절한 치료를 받지 못하는 사태가 속출했다. 건강보험은 여전히 고비용-저효율 구조를 벗어나지 못하고 있다.

다섯째, 경제 양극화 심화다. 제조업의 쇠퇴와 글로벌 아웃소싱 증가는 중산층의 몰락을 불러왔다. 실질 소득은 제자리걸음이거나 오히려 후퇴했고, 상위 1%와 나머지 99% 간의 격차는 커졌다.

이러한 위기 속에서 바이든 대통령은 통합을 기치로 내걸었다. 취임사에서 그는 "보수와 진보를 넘어 야만적 대결을 끝내고, 팬데믹을 함께 극복하자"고 호소했다. 분열과 혼란의 시대를 마감하고, 공동체 정신과 연대의 가치를 회복하는 것이 바이든 행정부의 시대정신이다.

미국의 재건은 가능하다. 민주주의, 다양성, 기회의 나라라는 미국의 정체성을 되살리고, 국민이 정부를 신뢰하며 함께 미래를 설계할 수 있다면 '위대한 미국'은 다시 일어설 수 있다. 지금은 바로 그 출발점이다. (2021. 1)

10

잊힌 시간 위에 다시 피어날 한옥
–몬트리올 한국관의 복원을 꿈꾸며

 1967년, 몬트리올 세계박람회의 열기 속에서 단아한 한국의 전통이 캐나다 땅에 우뚝 섰다. 세계 각국의 화려한 전시관 사이, 유독 눈길을 끌던 목조건물 하나, 김수근 건축가가 설계한 '한국관'은 그 자체로 한 편의 시였다. 약 436.6 ㎡ 공간에 펼쳐진 현대적 해석의 한옥은, 전통과 창조의 경계를 조용히 넘어서는 우리 건축의 기품을 세상에 알렸다.

 세월이 흐르고, 그 자리는 기억에서 희미해졌다. 그러나 지금, 장 드라포 공원의 그 자리에서 마주한 것은 유서깊은 아름다움이 아니라 방치와 침묵이었다. 출입이 금지된 가림막 너머, 안을 들여다보면 텅 빈 공간과 부식된 목재, 처마 밑 거미줄이 과거의 영광을 쓸쓸히 증언하고 있을 뿐이다. 한 시대의 숨결이 먼지 속에 파묻힌 듯했다.

 다행히 이 아름다웠던 유산이 완전히 잊히지는 않았다. 몬트리올 시정부는 세계박람회 50주년을 맞아 공원의 재단장을 추진하면서, 유일하게 한국관의 복원을 결정했다.

이는 문화적 가치에 대한 조용한 인정이자, 꺼져가던 기억에 다시 온기를 불어넣을 수 있는 작은 시작이었다. 한국관이 살아날 수 있을지 모른다는 희망이 생겼다. 현재 안창모 경기대학교 교수의 현지 조사를 바탕으로 복원 계획이 세워지고 있으며, 설계도를 비롯한 과거의 기록들이 하나씩 모이고 있다.

문제는 다음이다. 복원을 허가한 시정부도 아직 예산 확보에 대해서는 말을 아끼고 있다. 약 30억 원에 달하는 추정 비용 앞에서, 과연 누가 이 프로젝트의 첫 단추를 끼울 수 있을까. 사실 더 본질적인 문제는 '관심'이다. 이 문화유산이 여전히 살아 있고, 지켜져야 할 대상이라는 인식이 몬트리올 한인사회 안에서도 널리 공유되지 않은 현실은 아쉽기만 하다. 우리 정체성의 뿌리를 되짚는 데 누구보다 앞장서야 할 우리가, 정작 그 소중한 유산의 존재조차 망각한 채 살아가고 있었던 셈이다.

허진 몬트리올 총영사는 오는 11월 개최 예정인 건축 세미나를 통해 구체적 실행 방안을 마련하겠다고 밝혔지만, 실제로 이를 추진하기 위해선 한국정부와 문화부, 재정기획부, 그리고 한인사회 간의 유기적인 협력이 절실하다. 이제는 단순한 복원이 아닌, 한국문화의 재탄생 기회로 삼아야 한다.

우선 가칭 '한국관 복원위원회'를 구성해 양국 정부, 건축 전문가, 지역 한인사회가 함께 기금을 모으고, 구체적 로드맵을 그려야 한다. 더불어 복원 이후의 활용 방안 역시 미리 계획되어야 한다. 문화 전시관, 공연장, 교육의 장, 한인회 공간 등으로서 이 건축물은 단순한 과거의 재현을 넘어, 미래를 향한 열린 공간이 될 수 있다.

이 프로젝트는 캐나다 몬트리올만의 과제가 아니다. 북미 한인사회 전체, 더 나아가 "세계 한민족 디아스포라"가 함께 나서야 할 공동의 유산 복원이다. 거리는 멀지만, 마음은 함께 닿을 수 있다. 문화의 가치를 기억하는 이들의 손길이 이어진다면, 먼 타국 땅 위에서도 한옥의 지붕은 햇살을 품을 수 있을 것이다. (2015. 10)

12

3·1운동 100주년에 부쳐

오늘은 일제의 탄압에 항거해 조국의 독립을 외쳤던 3·1운동이 일어난 지 정확히 100년이 되는 날이다.

우리가 살고 있는 미국은 조선독립운동의 전초기지였다. 리버사이드에서는 도산 안창호 선생이 무실역행운동을 펼치며 독립의 기틀을 다졌고, 이승만 대통령은 LA와 하와이 등지에서 활발히 독립운동을 전개했다. 중가주의 리들리, 다뉴바 지역에서는 김호, 김형순 형제가 김형제상회를 운영하며 독립자금을 모았다. 이름 없이 빛도 없이 활동한 수많은 독립운동가들이 이 땅에 존재했다.

드라마 '미스터 션샤인'의 주인공 유진 초이는 허구의 인물이지만, 실제로도 그와 유사한 삶을 산 인물이 있다. 임시정부에서 활동한 황기환은 미군으로 1차 세계대전에 참전한 후 프랑스, 영국을 거쳐 미국에서 활동하다가 1923년 뉴욕에서 요절했다. 조국의 독립은 이러한 인물들과 수많은 무명의 의병들이 바친 희생의 결실이었다.

3·1운동 100주년을 맞아 미 전역에서는 다양한 기념행사가 열리고 있다. 남가주 지역에서는 대한인국민회 기념재단, LA 한인회, LA 평통, 3·1여성동지회 등 여러 단체가 '100주년 3·1절 LA 범동포준비위원회'를 결성해 의미 있는 프로그램들을 마련했다.

기념식과 음악회, 뮤지컬 '도산' 공연, 그리고 3·1절 기념 만세 재현 행진 등이 이어진다. 특히 한인타운 윌셔와 놀만디~옥스퍼드길 구간에서는 1919개의 무궁화를 꽂는 퍼포먼스와 함께 세대를 초월한 만세 퍼레이드가 진행된다. 이는 LA 폭동 당시 10만 여 한인들이 펼쳤던 평화행진의 정신을 계승하는 장이기도 하다.

"역사를 잊은 민족에게 미래는 없다"는 단재 신채호 선생의 말처럼, 역사는 과거가 아닌 미래를 위한 거울이다. 1592년 임진왜란, 1910년 한일합방—우리는 역사 속에서 반복되는 위기를 겪어왔다. 승리의 역사든 패배의 역사든 모두 우리의 뿌리이며, 자녀 세대에게 이를 가르치는 것이야말로 살아있는 교육이다.

3·1운동 100주년을 계기로 우리 자녀들에게 독립운동의 의미를 되새기게 하고, 리버사이드의 도산 동상, 대한인국민회 기념관, USC 도산하우스, 다뉴바 한인장로교회 등 독립유적지를 견학하는 살아있는 역사교육 프로그램을 개발할 필요가 있다.

생전 안창호 선생의 장녀 안수산 여사는 기자와의 인터뷰에서 이렇게 말했다. "3·1절은 매년 돌아옵니다. 중요한 건 그 정신을 계승해 더 나은 미래를 개척하는 것입니다."

3·1운동 100주년을 넘어, 이제는 민족의 염원인 남북통일과 대한민국의 세계적 비약이라는 새로운 100년을 향한 비전을 세울 때다.

(2019. 3)

12

'코리안 아메리칸'의 도전은 계속된다!

"120년 전 102명의 한인들이 새로운 출발을 찾아 하와이에 도착했습니다. 한인들의 용기로 인하여 미국의 풍부한 태피스트리(tapestry)에 새로운 전통, 관습 및 관점이 영원히 풍요하게 짜여지게 되었습니다. 현재도 미주한인들은 계속해서 모든 산업과 공동체를 강화시키고 그들만의 고유한 재능으로 아메리칸 드림에 기여함으로써 미국의 발전된 모습을 만들어가고 또 결속시키고 있습니다"

조 바이든 대통령은 미주한인이민 120주년을 앞둔 지난 1월12일 백악관에서 화상으로 진행한 '미주한인의 날 커뮤니티 리더 브리핑'에서 대독 발표한 성명을 통해 이같이 밝혔다. 미국 대통령의 축하 성명이 한국어로 번역돼 배포된 것은 이번이 처음이다. 약간 어색한 한국어 번역이지만 미 주류사회에서 우리 한인사회를 어떻게 바라보고 있는 지를 엿볼 수 있는 대목이다. 지난 2003년 조지 W. 부시 대통령은 미주한인이민 100주년을 기념하는 성명을 발표했다. 또한 연방의회가 2005년 12월 13일 하원에서, 16일 상원에서 만장일치로 '미주

한인의 날(Korean American Day)'을 법으로 통과시키면서 역사적인 날로 확정되었다. 그 이후 캘리포니아주를 비롯해 전국적으로 1월13일을 '미주한인의 날'로 지정하는 법안이 지속적으로 통과되면서 미주한인사회의 위상이 점차 격상되고 있다.

그러나 지금으로부터 120년전 1903년 1월 13일 망해가는 대한제국 시기에 '집조'로 불리우는 여권을 지니고 미국 상선 갤릭호를 타고 하와이에 도착한 102명 우리 이민 선조들의 심정은 어떠했을까. 1902년 12월 22일 인천 제물포항에서 하와이로 가는 배를 탔던 한인들은 자유를 찾아 새로운 세계에 대한 희망을 안고 태어나서 처음으로 배를 타고 3주 넘게 태평양의 추운 겨울바다를 건넜다. 갤릭호의 호놀룰루 최초 입항 이래 1905년까지 7,400여명의 계약노동자가 하와이에 도착해 미주한인이민 역사의 시작을 알렸다. 현재 인구 센서스에 따르면 미 전역에 거주하는 한인인구가 200만 여명에 달하는 것으로 나타났다.

한인사회는 지난 해 중간선거에서 미셸 박 스틸, 영 김, 메릴린 스트릭랜드, 앤디 김 등 4명의 연방하원의원이 재선과 3선에 성공함으로써 한인사회의 정치력이 신장되었음을 보여주었다. 정치뿐만 아니라 경제, 사회, 문화, 교육 등의 분야에서 비약적인 성장을 이뤄낸 한인사회는 미 주류사회에서도 성공한 소수계 커뮤니티로 불리운다.

그러나 정작 한인 2세들과 3세들에 대한 '뿌리 교육'의 현실은 어떠한가?

자녀들에게 성공하기위해 열심히 공부하라고 가르치기는 했지만 우리 이민 선조들이 어떠한 고초를 겪은 끝에 미국 땅에 정착하고 여기까지 왔는지 교육하는 일에는 정작 소홀하지 않았나하는 생각이 든다. 한인 2세들의 뿌리 교육은 한국어를 가르치는 것도 중요하지만 '코리안 아메리칸'에 대해 교육할 필요가 있다. 코리안 아메리칸의 역사와 미국 내 소수계의 이민역사에서 출발해 한인이민역사는 미국역사의 일부분이고 한국역사의 연장이라는 사실을 이해시킬 필요가 있다. 한인 2세들에게 한인이민역사를 가르치지 않고서 정체성 확립을 기대하기는 힘들 것이다. 미국의 흑인들이 '아프리카'라는 뿌리를 찾을 수 있었던 것은 노예로 끌려온 조상들의 참혹한 역사를 자신들의 역사로 인식하면서부터 가능했다고 봐야할 것이다.

지난 1976년 출판된 흑인 작가 알렉스 헤일리의 '뿌리'는 그의 외가쪽 이야기를 바탕으로 쓴 소설로 1767년 감비아에서 납치되어 미국에 노예로 끌려온 흑인 쿤타 킨테와 그의 후손들의 삶과 고난을 서술하고 있다. 소설을 원작으로 한 1977년 ABC의 미니시리즈로 당시 미국에서 시청률 51%로 대단한 인기를 끌었으며, 태어난 아이에게 쿤타 킨테라는 이름을 붙이는 사람도 많았을 정도이다. 이 소설과 드라마가 흑인 커뮤니티의 뿌리 교육이 저절로 되는 효과를 얻었다고 볼 수 있다. 지난 1960년대 킹 목사를 비롯한 흑인 커뮤니티의 민권운동으로 1964년 민권법이 만들어지고 1965년 이민법 개정으로 한국에서 이민이 급격하게 늘어나면서 오늘날 200만 한인사회를 만들어내는 원동력이 되었다. 사실상 흑인 커뮤니티의 민권운동이 없었다면 오늘의 미주한인사회는 있을 수 없다고 해도 과언이 아니다. 흑인 커뮤니티의 정치력 신장은 2008년 버락 오바마가 미국 사상 첫 흑인 대통령으로 당선되는 쾌거를 이뤄냈다.

이젠 우리 차례다! 지난 1월 3일 바이든 행정부에 의해 연방 조달청 북서부 총괄 행정 담당관으로 임명된 강석희 전 어바인 시장은 본보와의 인터뷰(1월18일자)를 통해 "한인들이 정치력 신장에 총력을 다하면 미국 대통령도 배출할 수 있을 것"이라고 강조했다. 즉 미주지역의 한인회, 상공회의소, 한인 정치 단체들이 미주한인의 정체성(뿌리의식)을 바탕으로 일치단결해 정치력 신장에 동참하면서 한인 미국 대통령을 만드는 것을 궁극적인 목표로 삼고 힘을 합친다면 코리안 아메리칸 미국 대통령이 나올 수 있다는 것이다.

'코리안 아메리칸'의 도전은 계속된다! (2023. 2)

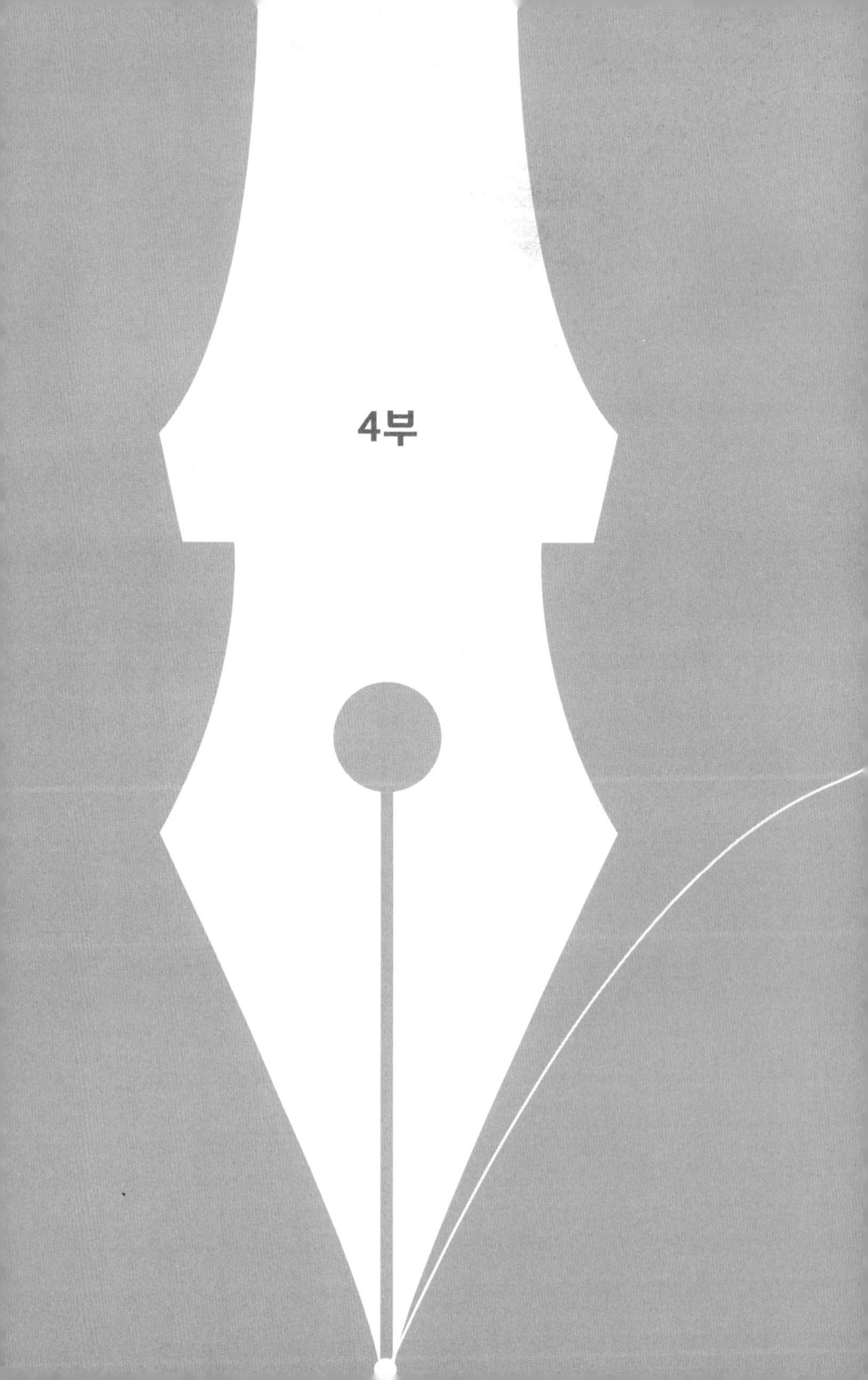

위기의 시대, 함께 살아가는 법

01

일본 대지진 남의 일 아니다

지난 2011년 3월 11일 일본 열도를 강타한 규모 9.0의 대지진과 이에 따른 쓰나미, 후쿠시마 원전 사고는 인간의 무력함을 적나라하게 드러낸 엄청난 재앙이었다. 특히 같은 환태평양 지진대에 거주하는 남가주 한인사회에도 큰 충격을 주었다. 이 대재앙이 남의 일이 아니라 언제든지 우리에게 닥칠 수 있다는 현실적 경고이기 때문이다.

실제로 남가주 한인사회는 이미 1994년 노스리지 지진이라는 악몽 같은 경험을 가지고 있다. 당시 1월 17일 새벽 4시 31분, 진도 6.7의 지진이 샌퍼난도 밸리를 강타했다. 이 지진으로 인해 한인 이필순 씨와 그의 아들 하워드 이 씨가 사망했고, LA 다운타운에 거주하던 88세 나기봉 할머니가 심장마비로 목숨을 잃었다. 또한, 밸리에 거주하는 한인 절반에 가까운 2,175가구가 재산 피해를 입었으며, 특히 노스리지와 그라나다힐스 지역에서만 1,330가구가 집중적으로 피해를 봤다.

이필순 씨의 아내 이현숙 씨가 폐허 속에서 오열하는 모습은 당시

타임지 커버에 소개되며 지진 피해의 참상을 전 세계에 알렸다. 당시 기자는 이현숙 씨가 사랑하는 남편과 장남을 잃고 막내아들과 홀로 남겨진 비극적인 현장을 직접 취재한 바 있다. 당시 지진피해 현장은 전쟁터를 방불케 할 만큼 비참했다. 그라나다힐스에 거주하는 김정선 씨 부부의 집은 두 동강 나 지붕이 무너져 겨울비를 고스란히 맞아야 했으며, 노스리지 지진은 총 72명의 사망자와 9,000명의 부상자, 그리고 200억 달러에 달하는 역사상 최악의 재산 피해를 기록했다.

일본의 대지진 피해는 이보다 더욱 참혹했다. 동일본 지역을 덮친 지진과 쓰나미로 인해 수만 명이 사망하거나 실종되었고, 후쿠시마 원전 사고가 겹치며 음식과 식수까지 위협받았다. 그야말로 최악의 트리플 재난이었다. 일본이 이 상황에서도 피해를 줄일 수 있었던 것은 국민들의 평소 철저한 지진 대비 훈련과 질서 있는 대응 때문으로 분석된다.

그러면 남가주의 현실을 보자. 노스리지 지진 이후 17년이 지난 지금, 지진에 대한 경각심이 크게 낮아졌다. 전문가들은 앞으로 30년 내 가주에서 진도 7.8 이상의 초대형 지진이 발생할 확률을 50%로 전망하며, 이로 인해 1,800 명 사망, 5만 명 부상, 2,000억 달러의 재산 피해가 발생할 수 있다고 경고하고 있다. 지질학자들은 지진 발생은 '가정'이 아니라 반드시 일어날 '시기'의 문제라고 강조한다. 지진은 다른 재난과 달리 예측이 어렵다. 따라서 평소 철저한 준비와 지속적인 훈련이 필요하다. 적십자사는 병물과 비상식량, 간편한 의류, 현금, 손전

등, 라디오, 구급약품 등을 준비할 것을 권고하고 있다. 그러나 정부의 도움을 기대하기보다 스스로 대처할 수 있도록 준비하는 것이 먼저다. 지진이 발생하면 도로와 통신이 끊기고 구조대가 즉시 도착하지 못할 가능성이 크다. 또한, 병원과 소방서 같은 필수 서비스들도 초기에 제대로 기능하지 않을 수 있다. 결국, 지진 발생 초기 생존과 안전 확보는 개인이 얼마나 철저히 준비했느냐에 달려 있다.

 이번 일본 대지진을 계기로 개인은 물론 커뮤니티 차원에서도 지진 대비책을 철저히 마련하고 실행하기 바란다. (2011. 4)

02

감기와 메르스: 현실이 된 재난 시나리오

오래 전, 로스앤젤레스에서 서울로 향하는 항공기에서 우연히 영화 '감기'를 봤다. 호세 사라마고의 소설 '눈먼 자들의 도시'를 연상시키는 한국형 재난 블록버스터로, 48시간 내 사망에 이르는 정체불명의 전염병이 발생한 도시에서, 생존을 위해 사투를 벌이는 사람들을 시스템이 어떻게 다루는지를 실감나게 그려낸 영화였다. 사라마고의 소설은 '백색 실명'이 전염되며 인간의 본성과 시스템의 부조리가 적나라하게 드러나는데 반해, '감기'는 치명적 바이러스가 퍼지면서 정부의 통제 실패와 시민들의 혼란을 그리지만 보다 현실적인 상황에서 한국 사회의 반응을 보여준다는 차이가 있다.

놀랍게도, 이 영화에서 묘사된 상황이 현재 대한민국에서 현실로 펼쳐지고 있다. '중동호흡기증후군(MERS·메르스)' 사태가 확산하면서 한국은 물론 중국, 홍콩, 일본, 중동 국가들까지 불안감에 휩싸였고, '영화가 현실이 될 수도 있겠다'는 우려가 커지고 있다.

보건당국이 처음에는 메르스를 심각하게 여기지 않았지만, 사태가 급격히 악화하면서 한국 사회 전반이 몸살을 앓고 있다. 박근혜 대통령은 10일(한국시간) 메르스 대응을 이유로 14~18일로 예정된 미국 방문을 전격 연기했다. 현재 한국이 사우디아라비아에 이어 메르스 감염국 2위라는 불명예를 안게 된 것은, 정부의 초기 대응이 안이하고 허술했기 때문이라는 비판이 거세다. 영화 '감기'에서 일부 권력층이 바이러스 정보를 독점하고, 대중은 언론 발표만 믿다 혼란에 빠지는 설정이 현재 상황과 놀랍도록 유사하다.

정부 대응 미숙과 별개로, 일부 시민들의 비협조적인 태도 역시 문제로 지적된다. 격리 대상이었던 한 의사 부부가 필리핀으로 출국한 후 귀국한 사실이 뒤늦게 밝혀졌으며, 서울 거주 50대 여성은 자가격리 조치를 무시한 채 전북 지역 골프장에서 발견됐다. 방역 조치를 무시하고 개인의 편의를 우선하는 이러한 태도는 정부의 대응력 부족만큼이나 반드시 시정돼야 할 문제다.

현재 아랍에미리트(UAE)는 자국민들에게 한국 방문 자제를 권고했고, 홍콩 당국은 한국에 대해 '홍색 여행경보'를 발령했다. 이에 따라 1만 명 이상의 홍콩인 단체 관광이 취소될 전망이다. 미국 질병통제예방센터(CDC)도 병원에 "한국 방문 여부를 확인하라"는 지침을 내렸으며, 뉴욕 타임스와 워싱턴 포스트 등 주요 외신도 한국의 메르스 사태를 비중 있게 보도하고 있다. 이는 단순한 국내 문제가 아니라 국제적인 재난으로 인식되고 있음을 보여준다.

메르스 확산으로 한국 경제에도 빨간불이 켜졌다. 소비 심리가 위축되고 있으며, 특히 중국인 관광객 감소로 관광업계가 직격탄을 맞고 있다. 평소 인파로 붐비던 대형 백화점과 고궁도 한산한 모습을 보이며 내수 경제에 악영향을 미칠 것으로 우려된다.

LA 한인사회 경제 역시 한국 방문을 꺼리는 유학생, 한인 2세 자녀, 외국인의 예약 취소가 잇따르면서 항공사와 여행사에 비상이 걸렸다.

그렇다고 해서 지나친 공포심에 사로잡히는 것도 문제다. 메르스에서 두 번째로 퇴원한 환자는 자신의 증상이 독감보다 심하지 않았다고 밝혔으며, 의료진이 충분한 대응 능력을 갖추고 있다고 평가했다. 실제로 의학계에 따르면 한국에서는 매년 감기로 약 2,000명, 폐렴으로 3,000여 명이 사망한다. 메르스가 특효약이 없는 것은 사실이나, 감기 역시 마찬가지다. 그럼에도 불구하고 우리는 감기를 공포의 대상으로 여기지는 않는다.

전문가들은 개인 위생을 철저히 관리하고, 충분한 휴식과 균형 잡힌 영양 섭취를 통해 면역력을 높이는 것이 최선의 예방책이라고 강조한다. 메르스를 과소평가해서는 안 되지만, 과대평가하여 공포감에 짓눌리는 것 또한 문제가 될 수 있다. 실제로 과도한 스트레스와 불안감은 면역력을 약화시킬 수 있기 때문이다.

미국을 2차 세계대전의 위기에서 구해낸 프랭클린 D. 루즈벨트 대통령의 명언이 떠오른다. "우리가 두려워해야 할 유일한 것은 두려움 그 자체다." 지나친 공포보다는 냉정한 판단과 실천이 필요한 시점이다.

(2015. 6)

03

흔들리는 땅, 깨어나는 경각심
-지진과 공동체의 준비

　LA 시간으로 12일 새벽 4시경 한국 경주에서 발생한 규모 5.8의 지진은 관측 사상 한국에서 기록된 가장 강력한 지진으로, 국내외에 적지 않은 충격을 안겼다. 이는 단순한 자연 현상을 넘어 '한반도는 지진으로부터 비교적 안전하다'는 기존의 통념을 근본적으로 뒤흔드는 계기가 되었다. 지진의 에너지는 불과 며칠 전 북한이 감행한 제5차 핵실험의 폭발력을 크게 상회했으며, 미국 로스앤젤레스 한인사회도 즉각적으로 반응했다. 많은 이들이 한국의 가족과 지인에게 안부를 전하며, 지진의 위협이 더 이상 먼 나라 이야기가 아님을 절감했다.

　한국뿐 아니라 이탈리아, 일본, 멕시코, 인도네시아 등 환태평양 조산대 위에 놓인 나라들은 정기적으로 지진 피해를 겪고 있다. 남가주 지역 역시 예외가 아니다. 전문가들은 향후 30년 이내에 진도 6.7 이상의 '빅원(Big One)'이 발생할 가능성이 99%에 이른다고 경고한다. 이같은 전망은 샌안드레아스 단층의 지질학적 특성과 주기적 활동 패턴에 근거한 것이다.

실제로 한인사회는 이미 과거 여러 차례의 지진을 통해 지진의 파괴력을 체험했다. 1994년 1월 17일 새벽, 진도 6.7의 노스리지 대지진은 60여 명의 목숨을 앗아가고 5천여 명이 부상을 입는 대참사로 이어졌다. 건물 4만 채 이상이 파손되고 200억 달러에 달하는 경제적 피해가 발생했으며, 한인사회도 3명의 사망자와 3천여 채의 주택 피해를 겪어야 했다. 이처럼 지진은 불과 몇 초만에 개인과 공동체의 삶을 근본적으로 붕괴시킬 수 있는 극단적인 재해로, 그 파괴력은 물리적 피해를 넘어 심리적·사회적 충격으로까지 이어진다.

그러나 참혹한 재난 속에서도 인간의 존엄과 공동체의 회복력은 빛을 발한다. 남편과 장남을 동시에 잃은 이현숙 씨는 차남과 함께 재건의 의지를 다지며, 시사주간지 『타임』과 『LA 타임스』 등에 소개될 만큼 큰 감동을 주었다. 집이 두 동강 나고 지붕이 무너진 피해 속에서도 복구를 결심한 김제복·정선 부부의 사례는, 재난을 삶의 전환점으로 바꾸는 강인한 태도를 보여준다.

노스리지 당시, LA 한인회를 비롯한 10여 개 한인 단체들은 구호센터를 자발적으로 설치하고 구조 작업과 복구 활동에 적극 나섰다. 기자 역시 현장을 취재하며 한인사회의 자발적 응집력과 공동체 정신에 깊은 인상을 받았다. 이후 2014년 3월 28일 라하브라 지역에서 발생한 규모 5.1의 지진도 한인사회에 적잖은 충격을 안기며, 다시금 지진에 대한 경각심을 불러일으켰다.

지진은 예고 없이 찾아온다. 다른 재해들과 달리 대피할 시간조차 허락하지 않으며, 발생과 동시에 결과가 결정된다. 영화『샌 안드레아스』에 묘사된 대지진의 장면들은 다소 과장되었을 수 있지만, 고층 빌딩의 붕괴, 댐의 파괴 등 상상 속 공포는 충분히 현실로 전이될 가능성이 있다. 현실이 영화처럼 되지 않기 위해서는 철저한 사전 준비가 필수적이다.

지진에 대비한 가장 기본적인 태도는 비상식량, 손전등, 라디오, 구급약품, 현금 등 생존 키트를 가정과 사무실에 구비하는 것이다. 중요한 서류는 별도 보관하고, 가족 간의 비상 연락망을 정비하며, 지진 발생 시 행동 요령을 숙지하는 것도 개인의 책임이다. 건물주라면 지진 보험 가입과 건물 구조물의 보강 역시 소홀히 해서는 안 된다.

공동체 차원에서도 LA 한인회를 중심으로 한 비상 대응 체계와 연락망이 정기적으로 점검되어야 한다. 예방은 공포를 줄이고, 준비는 생존 가능성을 높인다. 갑작스러운 지진을 피할 수 없지만, 최소한 대비는 할 수 있다. 유비무환(有備無患). 그것만이 우리가 할 수 있는 최선의 방어다.

(2016. 9)

04

We Shall Overcome!

전 세계가 신종 코로나바이러스 감염증(코로나19)과의 보이지 않는 전쟁을 치르고 있다. 감염자 수는 이미 수백만 명을 넘어섰고, 미국에서는 최대 24만 명이 사망할 수 있다는 비관적 전망도 제기되고 있다. 코로나19를 초기엔 독감에 비유했던 도널드 트럼프 대통령조차 "생사가 걸린 문제"라며 강경한 입장으로 돌아섰다. 그는 지난 3월 31일 백악관 코로나19 태스크포스 기자회견에서 "다가올 30일간 지침을 따르는 것이 절대적으로 중요하다. 그것은 생사의 문제"라고 강조했다.

정부가 제시한 기본 방역 수칙을 철저히 지키는 것이 개인과 공동체 모두를 지키는 길이다. "나 하나쯤이야"라는 방심이 수많은 생명을 위협할 수 있다는 점에서, 지금 우리가 할 수 있는 실천은 결코 작지 않다.

첫째, 사회적 거리두기

1918년 스페인 독감 당시에도 거리두기의 실천 여부에 따라 도시별 피해 규모가 극명히 달랐다. 필라델피아는 20만 명이 모인 퍼레이드를 강행한 후 단 한 주 만에 4,500명이 사망했고, 최종적으로 1만 6,000명이 숨졌다. 반면 세인트루이스는 공공장소 폐쇄, 집회 금지 등 강도 높은 거리두기를 시행해 700명 이하의 사망자 수를 기록했다. 지금 이 순간, 외출 자제와 최소 6피트 거리두기는 생명을 지키는 실질적인 방법이다.

둘째, 마스크 착용

초기에는 논란이 있었지만 이제는 미국 질병통제예방센터(CDC)조차 전 국민 마스크 착용을 권고하고 있다. LA 시의 에릭 가세티 시장도 공식 기자회견에서 시민들에게 외출 시 마스크 착용을 당부했다. 마스크는 나를 보호하고 타인을 배려하는 행동이자, 공동체 감염을 줄이는 가장 손쉬운 수단이다.

셋째, 손 씻기

약사인 딸의 조언을 계기로 손 씻기의 중요성을 새삼 깨닫게 되었다. "내 손을 믿지 마라"는 경고처럼, 어디서 감염원이 닿았을지 모르는 상황에서는 철저한 손 씻기가 가장 기본이자 강력한 방어선이다.

넷째, 건강 관리

　기저질환자일수록 코로나19의 위협은 더 크다. 건강은 하루 이틀의 노력으로 완성되지 않는다. 실내 운동, 균형 잡힌 식단, 충분한 수면을 통해 꾸준히 관리해야 한다.

다섯째, 정신 건강

　코로나19는 우리의 심리적 안정도 무너뜨리고 있다. 실직, 등교 중단, 사회적 고립은 많은 사람을 불안과 외로움에 빠뜨리고 있다. 그러나 바로 지금, 가족과의 연결, 이웃과의 나눔, 온라인을 통한 교감은 우리에게 일상의 소중함을 다시 일깨워주고 있다. 의료진들은 대구에서, 뉴욕에서, 자신들의 생명을 걸고 환자들을 돌보고 있다. 언젠가는 반드시 백신과 치료제가 개발될 것이며, 우리는 다시 일상을 되찾게 될 것이다. 그때까지 우리가 붙잡아야 할 가장 강력한 백신은 바로 '희망'이다.

　우리는 이 위기를 극복할 것이다. 인류는 언제나 그래왔고, 이번에도 예외는 아니다. We Shall Overcome Someday!　　　(2020. 4)

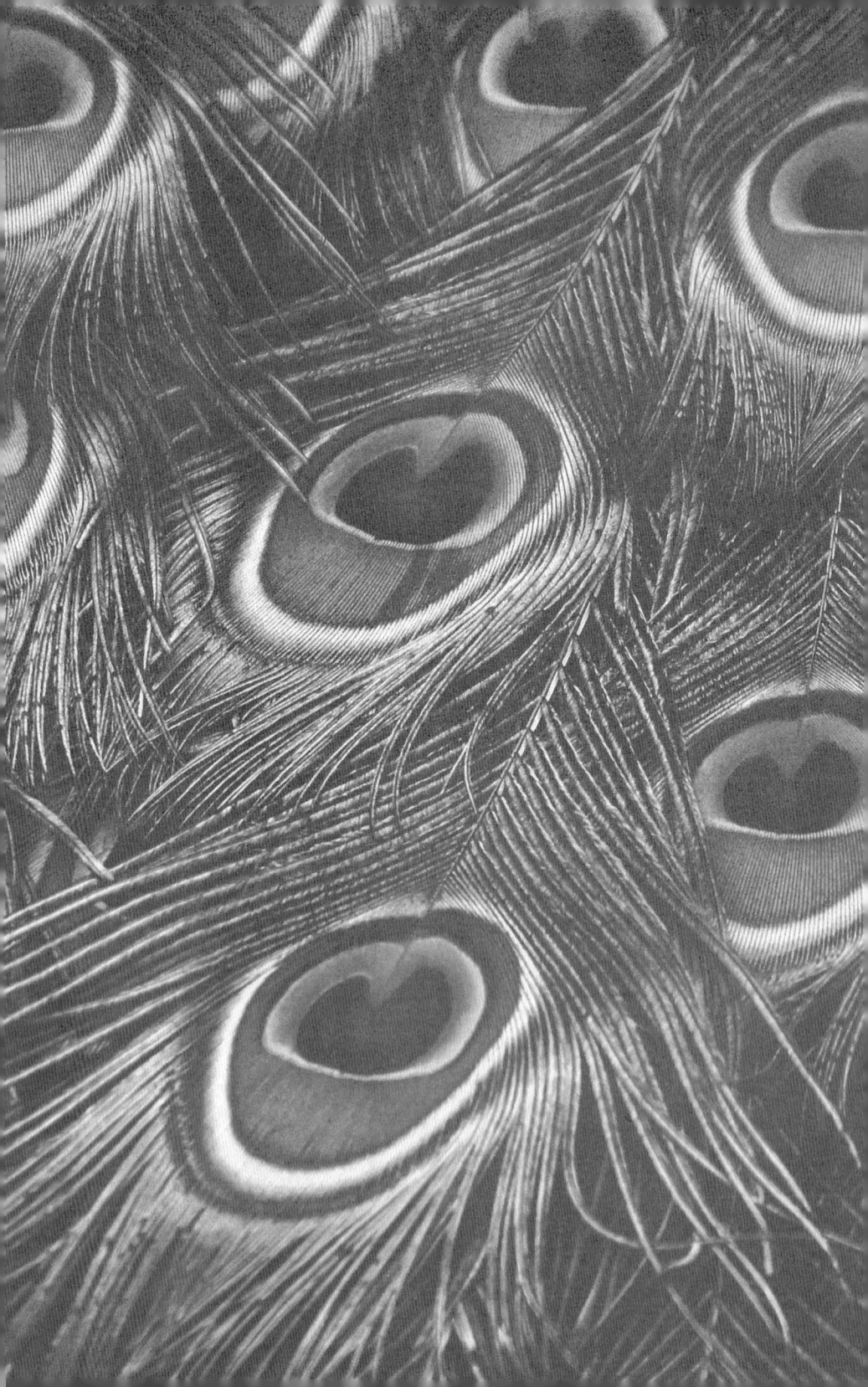

05

끝날 때까지 끝난 것이 아니다

신종 코로나바이러스 감염증(코로나19)으로 미국의 사망자 수가 걷잡을 수 없이 증가하던 시기, 만약 마스크 착용과 사회적 거리두기 같은 방역 조치를 조금 더 일찍 실천했다면 어땠을까 하는 아쉬움이 남는다.

한국과 미국은 2020년 1월 21일, 동시에 첫 확진자를 발표했다. 하지만 넉 달이 지난 5월 14일 기준으로, 한국은 260명의 사망자, 미국은 86,244명의 사망자를 기록했다. 인구 차이를 감안해도 사망률은 약 300배 이상 차이가 났다. 이는 방역 조치의 차이, 즉 얼마나 선제적이고 철저했는지의 여부에 따른 결과였다.

뉴욕 타임스퀘어에 등장한 'Trump Death Clock(트럼프 죽음의 시계)'는 이를 상징적으로 보여준다. 영화감독 유진 자렉키가 설치한 이 전광판은 "미국 정부가 일주일만 더 일찍 조치를 취했다면 미국 내 사망자의 60%를 줄일 수 있었을 것"이라는 분석을 시각적으로 보여준다. 실제로 앤서니 파우치 국립알레르기·전염병연구소 소장도 CNN 인터뷰에서 같은 취지의 발언을 하며, 초기 대응의 중요성을 강조했다.

문제는 이러한 경고가 백악관 내에서도 제대로 지켜지지 않았다는 것이다. 대통령과 부통령 주변 인물들까지 확진자가 발생하며, 미국에서 가장 안전해야 할 공간인 백악관조차 바이러스로부터 자유롭지 않다는 사실이 드러났다. 이로 인해 파우치 소장 등 '방역 사령탑' 인사들도 자가격리에 들어가는 일이 발생했다. 마스크를 쓰지 않은 트럼프 대통령의 모습은 이러한 현실을 더욱 안타깝게 만든다.

LA 카운티 역시 조심스럽게 경제 정상화를 추진했지만, 2단계 개방 이후에도 사망자 수는 증가세를 보였다. 한인타운 내 확진자 수 또한 증가해, 전면적 경제 정상화는 최소 8~9월로 미뤄질 전망이다. 조기 개방에 대한 기대는 실망으로 바뀌었고, 실제로 확진자가 급증해 가족 전체가 감염되는 한인 가정의 사례도 발생했다.

한국도 방심할 수 없다. 방역 모범국으로 평가받던 한국은 이태원 클럽발 집단 감염으로 다시 긴장 상태에 돌입했다. 하버드대 마크 립시치 교수는 코로나19의 확산 시나리오를 세 가지로 제시했는데, 그 어느 경우에도 단기간의 해결은 불가능하다는 결론이었다.

결국 문제는 조기 정상화 여부가 아니라, 장기전에 대한 각오다. 코로나19는 한두 달 버틴다고 끝나지 않는다. 국민 모두가 협력하고, 각 개인이 방역의 주체가 되어야만 이 위기를 이겨낼 수 있다. 그리고 육체적 건강 못지않게 정신건강 관리도 매우 중요하다.

"끝날 때까지 끝난 것이 아니다(It ain't over till it's over)." 이 야구 명언

처럼, 우리는 지금도 경기 중이다. 끝이 보이지 않는다고 해서 포기할 수 없다. 이 싸움은 결국 끝날 것이며, 그때까지는 각자의 자리에서 최선을 다하는 수밖에 없다. (2020. 5)

06

코로나 시대의 정신 건강

 신종 코로나바이러스 감염증(코로나19) 사태가 장기화되면서, '코로나19'와 우울을 상징하는 '블루'가 결합된 '코로나 블루'라는 신조어까지 등장했다. 실제로 코로나 사태 이후 미국 성인의 3분의 1이 정신 건강 문제를 겪고 있는 것으로 조사됐다.

 퓨리서치 센터가 성인 1만여 명을 대상으로 실시한 조사에 따르면, 전체의 33%가 평소보다 높은 수준의 불안, 불면, 우울감, 고립감을 경험한 것으로 나타났다. 또한 향후 10년 동안 코로나19의 여파로 약 7만5,000명이 자살이나 약물 중독으로 사망할 수 있다는 충격적인 전망도 나왔다.

 영리 보건단체 웰빙 트러스트와 미국가정의학회는 코로나19가 초래한 고립과 슬픔, 경제적 불안정이 심각한 정신건강 위기를 낳고 있다고 경고했다. 실제로 할리우드의 거물 제작자 스티브 빙은 우울증 끝에 자택에서 추락사했으며, 뉴욕에서 코로나19 환자들을 치료하던 여의사 로나 브린 역시 극단적인 선택으로 생을 마감했다.

여기에 더해, 지난 5월 25일 미니애폴리스에서 발생한 백인 경찰의 흑인 남성 조지 플로이드 과잉 진압 사망 사건으로 촉발된 전국적 시위와 폭동은 미국인의 삶과 정신건강을 더욱 위협하고 있다. 미국인 70%가 지금이 역사상 가장 불행한 시기라고 응답했으며, 80%는 국가의 미래가 심각한 스트레스 요인이라고 답했다.

이처럼 위태로운 시대 속에서 우리가 할 수 있는 정신건강 관리의 기본 원칙을 다시 점검해 볼 필요가 있다.

첫째, 저 너머를 바라보며 기뻐하라. 시련이 닥치더라도 시선을 긍정과 희망으로 돌리는 것이 중요하다. 억지로라도 웃으면 기분이 나아지고 행복감이 생긴다는 연구 결과도 있다. 웃음은 단순한 감정 표현이 아니라 마음의 균형을 잡아주는 도구가 된다.

둘째, 범사에 감사하라. 절망적인 상황 속에서도 감사의 마음을 갖는 것은 결코 쉬운 일이 아니지만, 살아 있음 자체에 감사하다 보면 현재의 고통이 작아진다. 있는 것에 집중하고, 없는 것에 집착하지 않는 태도가 필요하다.

셋째, 배려하라. 코로나 시대에 나의 건강은 타인의 건강과 직결된다. 서로를 위한 마스크 착용과 거리두기는 단순한 방역 수칙이 아니라 배려의 실천이다. 함께 살아가는 세상에서 나눔은 선택이 아닌 필수다.

넷째, 인생은 선택이다. '죽음의 수용소에서'의 저자 빅터 프랭클은 나치 수용소에서도 삶의 의미를 찾고, 환자들을 도우며 살아남았다.

인간은 환경이 아닌 자신의 태도를 선택함으로써 존재의 가치를 증명할 수 있다.

다섯째, 사랑하는 사람을 떠올려라. 고통의 시간을 견디게 하는 가장 큰 힘은 사랑이다. 자신을 표현할 수 없는 상황에서도, 마음속에 있는 누군가를 떠올리는 것만으로도 위안을 얻을 수 있다.

결국, 인생은 주어진 상황이 아니라 그것을 어떻게 해석하느냐에 따라 달라진다. 코로나 시대의 정신건강은 우리가 현재의 상황을 어떤 시각으로 이해하고, 어떤 태도로 대응하느냐에 따라 달라진다.

(2020. 6)

07

위기를 기회로!-코로나19, 문명의 전환점인가

　미국이 건국 이래 최대의 위기를 맞고 있다.

　지금의 상황은 1860년대 남북전쟁, 1918년 스페인 독감 대유행, 1930년대 대공황과 파시즘의 준동, 1968년의 폭동이 한 해에 모두 일어난 것과 다름없다. 단 하나만 겪어도 힘든 사태들이 2020년 들어 신종 코로나바이러스 감염증(코로나19)을 계기로 동시다발적으로 발생했다. 극심한 정치 양극화는 남북전쟁 당시의 대립을 연상시키고, 코로나19의 확산은 스페인 독감을 떠올리게 한다.

　30년 넘게 기자 생활을 하며 수많은 사건을 접했지만, 이번 코로나19 사태는 가늠조차 어려운 전대미문의 위기다. 1992년 LA 폭동 당시 사우스 LA를 누비며 피해 현장을 취재했고, 1994년 노스리지 지진으로 삶이 무너진 이들을 만나며 깊은 회한에 젖기도 했다. 2001년 9.11테러의 여파, 2008년 글로벌 금융위기로 인한 경제적 혼란도 현장에서 목격했다. 그러나 이번 사태는 그 어떤 때보다도 복합적이고 장기적이다.

미국 내 코로나19 사망자는 이미 15만 명을 넘었고, 그 끝이 보이지 않는다. 대형 유통업체들이 줄줄이 도산하고, 소상공인들이 문을 닫으며, 일상은 멈춰섰다. 그러나 그 와중에도 기회를 포착한 이들이 있다. 테크 기업, 특히 FANG(Facebook, Amazon, Netflix, Google)과 MAGA(Microsoft, Apple, Google, Amazon)로 불리는 기업들은 재택근무, 온라인 교육, 원격 쇼핑이라는 시대의 요구에 발 빠르게 대응하며 성장을 이어가고 있다.

우리는 이미 이전과는 전혀 다른 세상에 살고 있다. 통신과 IT 인프라는 필수 생존 기반이 되었고, 디지털 전환은 선택이 아닌 필수로 자리잡았다. 많은 전문가들이 4차 산업혁명의 물결이 코로나19로 인해 몇 년 앞당겨졌다고 진단한다. 흑사병, 천연두, 스페인 독감처럼 인류는 수많은 전염병을 겪으며 진화해왔다. 위기의 시기마다 경제는 적응했고, 과학은 발전했다.

1933년, 경제 대공황의 한복판에서 루스벨트 대통령은 "우리가 두려워해야 할 것은 두려움 그 자체"라고 선언했다. 그의 말처럼 공포에 굴복하지 않고 현실을 직시하며 나아갈 때, 위기는 곧 기회가 된다. 코로나19는 단지 미국의 위기가 아니라 인류 전체의 위기이며, 동시에 전 지구적 협력과 혁신을 통해 미래를 재설계할 기회이기도 하다.

지금 필요한 것은 두려움이 아니라 믿음이다. 과거의 위기들이 인류 문명의 도약을 이끌었던 것처럼, 지금의 이 위기도 미래를 위한 거대한 전환점이 될 수 있다. 개인이든 국가든, 위기를 기회로 바꾸는 지

혜와 용기를 발휘해야 할 때다. (2020. 8)

08

코로나 블루를 이긴 다저 블루

LA 다저스가 마침내 32년간의 기다림 끝에 월드 시리즈 정상에 올랐다. 이보다 더 극적인 장면이 또 있을까. 마치 한 편의 드라마를 보는 듯한 감동이었다.

2020 메이저리그 월드 시리즈 6차전에서 LA 다저스는 탬파베이 레이스를 3-1로 제압하며 시리즈 전적 4승2패로 우승을 확정지었다. 이번 우승은 구단 통산 7번째로, 지난 1988년 이후 무려 32년 만이다. 전설적인 타미 라소다 감독, 명해설가 빈 스컬리, 전설의 투수 샌디 쿠팩스에게도 이 우승은 생전에 꼭 보고 싶었던 간절한 염원이었기에 더욱 의미가 깊다.

특히 2020년은 신종 코로나바이러스 감염증(코로나19)으로 인해 메이저리그가 60경기 단축 시즌으로 치러졌고, 월드 시리즈 기간에도 다저스의 핵심 타자 저스틴 터너가 경기 중 확진 판정을 받는 등 전례 없는 상황 속에서 이뤄낸 값진 승리였다. 팬들과 선수단 모두에게 잊지 못할 한 해로 기록될 것이다.

LA 다저스는 정규시즌 43승 17패로 최고 승률을 기록하며 당당히 월드 시리즈 무대에 올랐고, 감독 데이브 로버츠의 지도력과 선수들의 결집된 의지가 큰 결실을 이뤘다.

경기장을 직접 찾지 못한 팬들은 TV 앞에서나마 다저스의 우승을 함께하며 모처럼 활기를 되찾을 수 있었다. 다저스는 LA 시민들에게 단순한 야구 팀 이상의 존재다. 박찬호, 최희섭, 서재응, 류현진 등 코리안 빅리거들의 활약으로 한인사회와도 깊은 인연을 맺은 구단이다. 특히 2017년과 2018년, 각각 휴스턴과 보스턴에 패하며 월드 시리즈 문턱에서 좌절한 기억이 있는 팬들에게 이번 우승은 그 아쉬움을 날려버린 짜릿한 순간이었다. 다저스는 2017년 휴스턴 애스트로스, 2018년 보스턴 레드삭스와의 월드 시리즈에서 연달아 패배했지만, 이후 두 팀 모두 '사인 훔치기' 스캔들에 휘말리며 그 패배가 더욱 억울하게 여겨졌다. LA 타임스는 사설을 통해 2017년의 우승 기록은 공란으로 남겨야 한다고 주장하기도 했다.

그러나 다저스는 억울함을 넘어 정정당당하게 2020년 월드 시리즈 챔피언 자리에 올랐다. 팬들은 코로나19로 지쳐 있던 와중에 다저스의 우승 소식에 웃음을 되찾았고, LA 곳곳은 오랜만에 '다저 블루'로 물들었다. "다저스가 해냈다." 이 단순한 한마디가 올해만큼 묵직하게 다가왔던 적은 없었다. 이 우승이 코로나 블루에 지친 시민들에게 조금이나마 위안이 되고, 더 나은 내일을 꿈꾸는 힘이 되길 바란다.

(2020. 10)

09

그저 건강하게 있어 주세요

2020년 경자년 쥐띠해를 희망으로 맞이했던 것이 엊그제 같지만, 어느덧 한 해의 끝자락에 다다랐다. 올해는 남녀노소, 인종을 불문하고 전 세계 모든 이들이 코로나19로 인해 그 어느 때보다도 고단한 시간을 보내야 했다.

그럼에도 불구하고 지금이 끝이 아니라는 최근 보도는 충격적이다. CNN은 앤서니 파우치 미국 국립알레르기·전염병 연구소장의 말을 인용해, 내년 4월까지 미국 내 코로나19 누적 사망자가 50만 명을 넘을 수 있다고 전했다. 캘리포니아주는 다시 자택 대피령을 시행했고, 이제는 단순히 경제의 문제가 아닌 생존의 문제가 우리의 일상 깊숙이 파고들고 있다.

다가오는 연말과 크리스마스 시즌, 그리고 백신 보급 전까지의 몇 달은 미국 사회가 인명 손실을 최소화하고 붕괴된 시스템을 어떻게 회복하느냐를 가늠할 중요한 분기점이 될 것이다. 지금 우리가 해야 할 일은 오직 하나, "건강하게 살아남는 것"이다.

첫째, 육체적 건강은 나만의 문제가 아니다. 개인의 건강 상태는 가족과 사회 전체에 직결된다. 감염은 곧바로 타인에게로 이어지고, 그 고리는 멀리까지 확산된다. 내 건강을 지키는 것이 곧 공동체 전체를 지키는 길임을 명심해야 한다.

둘째, 마스크는 생명줄이다. 워싱턴대 보건계량연구소는 마스크 착용만으로도 6만 6천 명의 생명을 구할 수 있다고 분석했다. 조 바이든 대통령 당선인은 취임 후 100일간 마스크 착용을 국민에게 호소했다. 그만큼 단순한 행동 하나가 막대한 효과를 낼 수 있다.

셋째, 손 씻기는 가장 기본적인 방역이다. 질병통제예방센터(CDC)는 비누와 물로의 손 씻기를 강조하며, 얼굴을 만지기 전 반드시 손을 씻어야 한다고 권고한다. 물과 비누는 여전히 가장 효과적인 바이러스 차단 수단이다.

넷째, 정신 건강도 방역이다. 장기화된 팬데믹으로 '코로나 블루'와 '코로나 레드'라는 신조어까지 등장했다. 고립감과 우울증, 분노가 점차 커지는 지금, 우리에겐 물리적 거리는 유지하되 정서적 거리는 좁히려는 노력이 필요하다. 전화, 메시지, 온라인 대화로 서로를 지지하고 연결하는 일이 무엇보다 중요하다.

다섯째, 희망은 우리의 백신이다. 수많은 역사적 전염병 속에서도 인류는 희망을 잃지 않았기에 살아남을 수 있었다. 1세기 전 5천만 명의 목숨을 앗아간 스페인 독감을 극복했듯, 이번에도 우리는 반드시 이겨낼 것이다.

올 연말, 누군가에게 건넬 수 있는 가장 따뜻한 말은 이 한마디일 것이다.

"그저 건강하게 있어주세요." 그 말 속엔 안부, 위로, 격려, 그리고 변치 않는 희망이 함께 담겨 있다. (2020. 12)

10

코로나가 바꿔놓은 한인사회 풍속도

도널드 트럼프 전 미국 대통령이 지난 해 3월 13일 신종 코로나바이러스 감염증(코로나19)에 대응하기 위해 '국가 비상사태'를 선포한 지 1년이 지났다. 이후 우리의 일상은 그야말로 혁명적인 변화를 겪었다. 이제는 코로나 이전(BC: Before Corona)과 코로나 이후(AC: After Corona)로 시대를 구분할 정도다.

그 변화의 중심에는 한인사회의 경조사 문화도 있다. 서로 모여 축하하고 위로하는 문화는 사회적 거리두기와 마스크 착용이라는 현실 앞에 위축될 수밖에 없었다. 기자 역시 딸의 결혼식을 수차례 미루다 결국 양가 부모조차 참석하지 못한 채, 줌 화상회의로 혼인식을 지켜봐야 했다. 공식적인 예식은 미뤘지만 법적 절차를 먼저 밟은 것이다. 이처럼 보수적인 한인사회도 이제는 자녀의 혼전 동거를 수용하는 분위기로 변화하고 있다.

장례 문화도 예외는 아니다. 지난 1월, 한인타운의 한 장의사에서 열린 친구의 부친 장례식은 아침 7시 반에 열렸다. 장례 일정조차 확보하기 어려운 현실 속에서 직계 가족만이 참석한 쓸쓸한 장례식이었다. 기자는 유일한 문상객으로, 고인의 마지막 길을 함께하며 변화된 세상을 실감했다.

코로나19는 가족 간의 만남마저 단절시켰다. 추수감사절과 크리스마스 등 명절에도 대면 대신 줌으로 안부를 나눠야 했다. 각종 단체 모임도 온라인 화상회의로 대체되었고, 이는 이제 일상으로 자리 잡았다. 기자 역시 사람을 만나야 식사가 가능했던 삶에서 혼밥이 익숙한 삶으로 바뀌었다. 양복 대신 편안한 복장을 즐기게 되었고, 미용실 대신 집에서 직접 머리를 손질하는 일도 자연스러워졌다.

변화는 식생활 문화에도 영향을 미쳤다. 실내 영업이 제한되면서 야외 패티오 문화가 한인 요식업계에 정착되었다. 전통 한식당 전원, 낙원, 동일장, 베버리 순두부 등이 폐업한 가운데, 야외 영업이 가능한 식당들이 젊은 층과 외국인들에게 인기를 끌고 있다. 밤이면 주차장이 텐트촌을 방불케 한다는 말도 나올 정도다. 그러나 실내 영업 재개와 폐쇄를 반복하는 상황에 업주들은 지쳐가고 있다.

지난 1년간 우리는 당연했던 일상의 소중함을 절실히 깨달았다. 비대면, 비접촉이 일상이 된 사회 속에서 고립감과 외로움은 가장 큰 감정적 부담으로 다가왔다. 그러나 그 와중에도 한인사회는 함께 위기를 이겨내고자 노력해왔다. 본보는 "우리 함께 이겨나갑시다"라는 슬로건 아래 사회적 거리두기, 손 씻기, 마스크 쓰기 캠페인을 전개하며 희망과 연대의 메시지를 전달했다.

비록 육체적, 정신적, 경제적으로 힘든 시기였지만, 우리는 서로를 더 가깝게 느꼈고, 함께라면 극복할 수 있다는 교훈을 얻었다. 위기의 시대를 살아가는 우리 모두에게 지금 필요한 것은 조금 더 따뜻한 마음과 이웃을 향한 관심이다. (2021. 3)

11

위드 코로나 시대, 다시 살아나는 한인사회

2021년 신축년이 어느덧 저물고 있다. 남녀노소, 인종을 불문하고 전 세계인이 코로나19라는 전염병과 맞서 싸우며 보낸 지난 2년은 그 야말로 유례없는 고난의 시간이었다. 하지만 이제, 미국을 비롯한 세계 각국은 '위드 코로나(With Corona)', 즉 코로나와 함께 살아가는 일상 회복의 전환점에 서 있다.

미국 내 많은 이들이 1, 2차 백신 접종과 부스터샷을 마치며 방역에 참여하고 있지만, 남아공에서 시작된 변이 바이러스 오미크론의 출현은 다시 한번 우리에게 경각심을 일깨워주었다. 지난 6월 15일, 캘리포니아 주정부는 경제 정상화를 선언하며 일상의 회복을 기대케 했으나 현실은 기대만큼 따라주지 않았다. 이제 우리는 팬데믹 이전으로 완전히 돌아가는 것이 아닌, 새로운 질서 속에서 코로나와 공존하는 삶에 적응해야 한다.

한인사회 역시 이런 변화에 발맞춰 움직이고 있다. LA 시는 식당, 미용실, 술집 등 실내 영업장 출입 시 백신 접종 증명을 의무화했고,

이 조치는 초기 계도기간을 거쳐 단속으로 이어졌다. 번거로운 절차임에도 다수의 한인들은 공동체의 안전을 위한 일이라며 긍정적으로 수용하는 분위기다.

연말을 맞아 대면 송년 모임도 조심스럽게 재개되고 있다. 한인타운의 호텔과 대형 식당들은 예약 문의로 북적이고 있으며, 각종 경제단체들도 지난해 중단했던 행사를 다시 열고 있다. LA 세계한인무역협회(옥타 LA)의 송년 모임은 백신 접종 증명을 철저히 확인하는 방침 아래 진행될 예정이며, 다수 단체가 이 같은 방역 원칙을 공유하고 있다. 방역과 공동체 소속감 회복이라는 두 마리 토끼를 동시에 잡으려는 시도다. 소매업계 또한 반등의 기회를 모색 중이다. 지난해 비대면 소비가 증가하면서 매장 방문이 급감했지만, 올해는 백신 접종 확산에 따른 소비심리 회복과 함께 오프라인 매출 상승이 기대된다. 샤핑객들은 여전히 온라인을 이용하지만, 직접 눈으로 보고 고르는 예전의 일상을 그리워하고 있다.

또한 한인사회 골프 열풍은 여전히 이어지고 있다. 각종 동문회, 단체 행사에서 골프는 안전하게 사람을 만나고 교류할 수 있는 대표적인 활동으로 자리매김했다. 마스크를 쓰고 연습장을 찾는 풍경은 이제 낯설지 않다.

우리의 생활양식도 크게 달라졌다. 마스크는 일상복의 일부가 되었고, 손세정제 사용은 습관이 되었다. 손을 씻는 행위는 개인을 보호할 뿐 아니라 타인을 배려하는 사회적 실천으로 자리 잡았다. 의료 전문가들은 스페인 독감 이후처럼, 인류가 오랜 시간 코로나와 함께 살아가야 할 가능성을 제기한다. 이에 따라 백신과 부스터샷의 주기적 접종, 면역력 향상을 위한 건강 관리의 중요성이 더욱 부각되고 있다.

'위드 코로나' 시대를 살아간다는 것은 단순히 바이러스를 견디는 것을 넘어, 새롭게 재편된 일상에 적응하고 공존하는 방법을 찾는 과정이다. 희망과 자신감을 잃지 않고, 공동체와 함께한다는 연대의식으로 위기를 이겨낸다면 한인사회는 다시 활기를 되찾을 것이다. 이제 우리는 또 다른 내일을 향해 한 걸음씩 나아가고 있다. (2021. 12)

12

펜데믹 2년의 교훈: 우리는 하나

　세계보건기구(WHO)가 2020년 3월 11일 신종 코로나바이러스 감염증(코로나19)을 팬데믹(세계적 대유행)으로 선언한 지 2년이 흘렀다. 도널드 트럼프 당시 미국 대통령은 이틀 뒤인 3월 13일, 미 전역에 '국가 비상사태'를 선포했고, 곧이어 LA 시와 카운티는 주민 외출을 제한하고 비필수 업종의 영업을 중단시키는 '세이퍼 앳 홈(Safer at Home)' 행정명령을 발동했다. 당시만 해도 많은 이들은 2~3개월이면 일상으로 돌아갈 수 있을 것이라 기대했다.

　그러나 그 기대는 헛된 낙관이었다. 지난 2년간 한인사회의 일상은 송두리째 바뀌었다. 마스크는 어느덧 필수 패션 아이템이 되었고, 손 소독제와 빈번한 손 씻기는 피부에 손상을 줄 정도로 일상화됐다. 사회적 거리두기는 인간 관계를 물리적 거리만큼이나 멀어지게 했다. 콘서트, 영화관, 체육관, 수영장, 각종 단체 모임 등은 한순간에 사라졌다.

　세상은 코로나 이전(Before Corona, BC)과 이후(After Corona, AC)로 나

뉜다. 코로나19는 남녀노소, 인종을 가리지 않고 전 세계인의 삶을 바꾸었다. 2019년 12월 중국 우한에서 시작된 이 바이러스는 2년 3개월 만에 전 세계에서 공식 사망자 수 600만 명을 넘겼고, 미국에서는 100만 명 가까운 생명을 앗아갔다.

팬데믹은 바이러스뿐 아니라 사회적 병리도 키웠다. 중국에 코로나19의 책임을 묻는 과정에서 트럼프 전 대통령의 '중국 바이러스' 발언은 미국 내 아시아계에 대한 혐오범죄를 급증시켰다. 비영리단체 '아시아·태평양계 증오를 멈춰라'에 따르면 1년간 아시아계를 겨냥한 혐오 사건은 4,000건을 넘어섰다. 특히 조지아주 애틀랜타 연쇄 총격 사건은 그 비극의 정점을 찍었다.

마스크와 백신은 또 다른 분열의 축이 되었다. 정치적 성향에 따라 마스크 착용 여부가 달랐고, 백신을 둘러싼 음모론과 불신은 방역의 발목을 잡았다. 이로 인해 한인들의 정신건강은 악화됐고, 사회성과 경제활동도 큰 타격을 입었다.

하지만 우리는 이 위기 속에서 소중한 가치를 재발견했다. 그동안 당연했던 일상이 얼마나 귀중했는지 깨달았고, 물리적 거리는 멀어졌지만 마음의 거리는 오히려 가까워졌다. 고립과 외로움 속에서도 서로를 배려하고 연대하는 힘이 위기를 이겨내는 원동력이 되었다.

본보는 한인 단체들과 함께 '사회적 거리두기·손 씻기·마스크 쓰기' 캠페인을 펼치며 한인사회에 희망을 전하고자 했다. 지난 3월 5일, 그리피스 팍에서 열린 제7회 한국일보 거북이 마라톤 건강 걷기대회에는 수많은 한인들이 참가해 오랜 팬데믹의 긴 터널에서 벗어나 기쁨과 활력을 되찾았다. 이 행사는 위축되었던 한인사회 행사와 모임이 다시 살아나는 신호탄이 되었다.

앞으로도 인류는 감염병과의 전쟁을 계속해야 할 것이다. 우리는 코로나19를 통해 인간의 나약함을 절감했고, 과학적 시각으로 질병에 접근해야 한다는 교훈을 얻었다. 무엇보다 중요한 것은, 바이러스의 전염성은 나와 남을 가르지 않는다는 사실이다. 결국 "우리는 하나"라는 인식이야말로 팬데믹 2년이 남긴 가장 큰 메시지다. (2022. 3)

13

위드 코로나 시대의 건강 관리

신종 코로나바이러스 감염증(코로나19)의 확산이 지속되며, 이제는 "한 집 건너 한 집이 감염됐다"는 말이 실감 날 정도다. 다행히 확진자 수와 입원율은 점차 감소해 지난 7월 말로 예정됐던 LA 카운티의 실내 마스크 착용 의무화는 보류됐지만, 아직 안심하기에는 이르다.

주변 감염 사례를 보면, 대부분 초기 증상은 목의 가려움과 가래, 기침, 재채기 등 일반 감기와 비슷하다. 자가 테스트에서는 바로 양성이 나오기도, 며칠 뒤에야 나타나기도 하며, 증상 또한 사람마다 차이가 크다. 가볍게 지나가는 이가 있는 반면, 고열과 극심한 기침으로 고통받는 경우도 많다. 기자의 가족도 감염을 겪었지만, 다행히 큰 후유증 없이 회복했다.

앤서니 파우치 국립알레르기·전염병연구소장, 조 바이든 대통령까지도 돌파 감염을 겪은 만큼, 누구도 예외일 수 없다. 경제가 재개된 지금, 활동을 멈출 수는 없는 만큼 개인 건강 관리가 그 어느 때보다 중요해졌다. 결국, 기본 방역수칙을 철저히 지키는 것이 최선이다.

우선, 사회적 거리두기는 여전히 유효하다. 사람이 많이 모이는 장소를 피하고, 감염자가 기침이나 재채기를 통해 퍼뜨리는 비말이 호흡기로 침투하는 것을 막기 위해 최소 6피트 거리를 유지하는 것이 중요하다. 포옹이나 악수 대신 주먹 인사, 고개 인사로 대체하는 것도 좋은 방법이다.

손 씻기의 중요성은 아무리 강조해도 지나치지 않다. 손은 다양한 물체와 접촉하며 각종 세균과 바이러스에 노출된다. 특히 스마트폰, 컴퓨터 키보드, 승강기 버튼 등은 세균의 온상으로 꼽힌다. 손바닥, 손등, 손가락 사이를 꼼꼼히 씻는 습관은 수인성 감염병 예방에 큰 도움이 된다.

마스크 착용 또한 본인과 타인을 위한 필수적인 방역행위다. 비말을 통한 감염을 예방하는 가장 간단하고도 효과적인 수단이며, 마스크는 이제 일상의 일부가 됐다. 외출 시에는 여전히 마스크 착용을 생활화해야 한다.

또한, 코로나19 대응에 있어 면역력 강화는 매우 중요하다. 걷기 등 규칙적인 운동, 충분한 수분 섭취, 스트레스 관리 등은 기본이다. 특히 만성질환자는 저항력을 높이기 위해 약물요법과 운동요법을 병행하며 평소 건강 관리에 신경 써야 한다.

전문가들은 인류가 오랫동안 코로나와 함께 살아가야 할 가능성이 크다고 전망한다. 오미크론을 비롯한 새로운 변이가 계속 발생하고 있고, 이에 대응하는 백신과 부스터샷도 주기적으로 맞아야 할 것으로 보인다. 실제로 9월에는 오미크론 변이 대응 백신이 출시될 예정이다.

  이제는 개인의 건강이 곧 가족, 지역 사회, 나아가 국가의 건강으로 이어진다는 인식을 가져야 할 때다. 위드 코로나 시대, 방역수칙을 생활화하고 적절한 운동과 건강 관리를 병행하며, 보다 슬기롭고 건강한 일상을 이어가는 것이 우리 모두에게 필요한 자세다. (2022. 8)

14

기후 위기, 더 이상 '강 건너 불' 아니다

지난 8월 말부터 9월 초까지 남가주를 덮친 섭씨 38도를 넘는 기록적인 폭염은 100년 만에 찾아온 재난이었다. 가주 정부가 비상사태를 선포할 만큼 상황은 심각했다. 이처럼 살인적인 더위는 남가주뿐 아니라 미국 전역을 고통에 빠뜨렸다.

연방 질병통제예방센터(CDC)에 따르면, 2004년부터 2018년 사이 매년 평균 700명 이상이 미국에서 폭염으로 목숨을 잃었다. 이는 토네이도, 홍수, 한파로 인한 사망자를 능가하는 수치다. 유럽도 예외는 아니다. 올해 여름 폭염으로 포르투갈에서는 600명, 스페인에서는 300명이 사망했다. 반면 한국은 115년 만의 집중호우로 13명이 숨졌고, 켄터키주는 홍수로 26명의 희생자를 냈다. 파키스탄에서는 대홍수로 1,282명이 목숨을 잃었다.

과학자들은 이러한 이상기후의 원인으로 지구온난화에 따른 기후변화를 지목한다. 온실가스의 지속적인 증가가 기온 상승을 부르고, 그 결과 전례 없는 폭염과 폭우가 발생하고 있다는 것이다. 전문가들은 탄소배출량을 통제하지 않는 한 앞으로 더 자주, 더 강한 기후 재난이 발생할 것이라고 경고한다.

지구온난화를 늦추기 위해 개인이 실천할 수 있는 일도 많다. 자동차 이용을 줄이고, 일회용 플라스틱 제품 사용을 최소화하며, 에너지 절약을 생활화해야 한다. 앨 고어 전 부통령이 다큐멘터리 '불편한 진실'에서 주장했듯, 세계 주요 국가들이 온실가스 배출량을 80% 줄이지 않으면 기후 재난은 되돌릴 수 없는 수준에 이를 수 있다. 조 바이든 대통령도 최근 매사추세츠주에서 기후 변화를 '비상상황'으로 규정하고, 23억 달러의 연방 자금을 투입해 인프라 개선에 나서겠다고 발표했다. 그는 "기후 변화는 미국과 세계에 대한 존재론적 위협"이라며, 미국 내 1억 명이 폭염 경보에 놓인 현실을 지적했다.

희망적인 사례도 있다. 8세 소년 라이언 힉맨은 세 살 때부터 재활용품을 수집해 1만 달러를 모아 재활용 회사를 창업했다. 많은 기업들도 친환경 제품을 내놓고 재활용을 전제로 한 생산 방식을 도입하고 있다.

기후 위기는 더 이상 남의 일이 아니다. 허리케인 카트리나로 12만 명의 난민이 발생했듯, 이는 인류의 생존과 직결된 문제다. 최근 알래스카 콜롬비아 빙하를 방문했을 때 눈앞에서 녹아내리는 빙하를 보며 기후 변화의 실체를 실감할 수 있었다. 과학자들은 모든 빙하가 녹으면 해수면이 216피트 상승할 수 있다고 경고한다. 이는 뉴욕 자유의 여신상마저 물에 잠길 수 있음을 의미한다.

구테흐스 유엔 사무총장은 "기후 위기는 이제 공동 대응이냐, 집단 자살이냐를 선택해야 할 시점"이라고 강조했다. 극단적인 표현처럼 들릴 수 있지만, 그만큼 시급하다는 경고다.

코로나19 팬데믹 이후 배달 수요 증가로 일회용 플라스틱 사용이 급증했다. "나 하나쯤이야"라는 생각으로 무심코 버리는 플라스틱이 후손들의 삶터를 위협하고 있다. 지금이라도 늦지 않았다. 개인과 국가가 함께 특단의 조치를 취해야 한다. 기후 위기는 우리 모두의 생존이 달린 문제이기 때문이다.

(2022. 9)

15

대한국민이여, 깨어나라!

2024년 12월 3일, 윤석열 전 대통령 계엄령 선포!
2025년 6월 3일, 제21대 대한민국 대통령 선거!
모든 국민의 일상생활을 얼어붙게 만든 계엄의 밤부터 시작해 대통령 파면을 거쳐 지난 6개월간 험난한 정치 일정을 마무리 짓는 대선을 앞두고 그 어느 때보다도 국민들과 정치권의 긴장이 고조되고 있다.
제21대 대통령 선거는 단순히 정권이 바뀌는 정치 이벤트가 아니다. 을사늑약 120주년, 광복 80주년을 맞이하는 대한민국호의 국운을 결정짓는 분수령이 될 것이다. 어느 후보가 대통령이 되든 상관없이 분명한 사실이 하나 있다. 그 누구도 쉽지 않은 길을 가게 될 것이라는 점이다.
대한민국은 1905년 을사늑약때보다 더한 국난의 시기를 맞고 있다. 세계 최저 출산율, 청년 실업, 고령화, 부동산 양극화, 관세 전쟁, 사회 갈등, 기후 위기, 지정학적 위협 등 어느 것 하나 쉬운 문제가 없다. 21대 대통령은 국난의 파고를 헤쳐나가야 할 대한민국호의 선장이 되어야 한다. 중요한 건 누가 대통령이 되느냐보다는 그 지도자가 국민과 어떻게 협력할 수 있느냐이다.

우리는 종종 지도자에게 모든 걸 기대하고, 모든 책임을 돌리는 경향이 있다. 그러나 이제는 획기적인 인식의 전환이 필요하다. 대통령 한 명이 나라를 구할 수 없다. 국민과 함께 가는 대통령만이 변화의 여정을 완주할 수 있다. 이를 위해 필요한 건 비판이 아니라 참여와 협력, 냉소가 아니라 연대와 실천이다. 예컨대, 인구 고령화 문제는 단지 복지정책 몇 개로 해결되지 않는다. 청년 세대를 위한 출산·일자리·주거를 연계한 종합적 대응이 필요하다. 이 일은 중앙정부만의 몫이 아니라, 지자체, 기업, 국민 모두의 공동작업이어야 한다. 사회갈등, 지방소멸 대응 등도 마찬가지다.

새 대통령이 아무리 강력한 의지를 가져도, 국민의 신뢰와 동참 없이는 지속 가능한 변화는 불가능하다. 공약은 혼자서 실현할 수 없고, 법과 제도는 국민의 삶 속에서 실천되고 지지받을 때 의미가 있다. 특히 지금처럼 사회적 갈등이 크고 정치적 양극화가 극심한 시기에는, 국민이 비판적 참여자이자 공동 책임자로 나서야 한다.

정치는 국민 모두의 삶을 결정짓는 과정이다. 선거는 단지 리더를 뽑는 절차가 아니라, 우리 스스로 국가 공동체의 일원임을 선언하는 행위다. 그리고 선거 이후야말로 진짜 공동체의 역할이 시작되는 시점이다. 민주주의는 지도자가 지시하고 국민이 따라가는 구조가 아니다. 국민이 감시하고 견제하며 동시에 함께 짐을 나눠야 하는 제도다.

이제 우리는 새로운 대통령에게 단순한 기대나 비난이 아닌, 현실에 대한 냉정한 인식과 공동체적 책임감을 함께 보내야 한다. 때로는 이해관계를 넘어서 공공의 이익을 먼저 생각하고, 때로는 삶의 작은 영역에서라도 변화를 만들어야 한다.

누가 대통령이 되든, 그 길은 고되고 외로울 것이다. 그러나 국민이 함께하면, 그 길은 비로소 가능한 길이 된다. 우리 모두가 정치의 방관자가 아니라, 참여자이자 공동 설계자가 될 때 대한민국은 앞으로 나아갈 수 있다.

대통령 한 명이 바꿀 수 있는 것은 생각보다 많지 않다. 정치는 결국 국민과 함께할 때 비로소 움직인다. 정책은 시민들의 삶 속에서 실현되어야 하며, 법과 제도는 사회적 공감과 동의가 있을 때 지속력을 갖는다. 변화는 위에서 시작될 수도 있지만, 그 변화가 지속되는 힘은 언제나 아래에서 나온다.

이제 국민도 단순한 심판자나 방관자의 자리에 머물러서는 안 된다. 선거는 리더를 뽑는 일인 동시에, 우리 모두가 공동 운전대에 손을 얹는 과정이다. 대통령이 방향을 제시한다면, 국민은 그 길을 함께 닦고 걸어가야 한다. 비판은 필요하지만, 참여 없는 비판은 개선을 낳지 않는다. 불신을 넘어 신뢰로, 냉소를 넘어 연대로 나아가야 한다.

무엇보다 중요한 것은 서로를 인정하고 협력할 수 있는 민주적 역량이다. 정치적 입장이나 세대, 계층의 차이를 넘어, 우리 모두가 '대한민국의 공동 운영자'라는 인식을 가질 때, 진정한 변화의 문이 열린다. 새로운 대통령의 시대는 지도자만의 시대가 아니라, 국민과 함께 가는 시대여야 한다.

　누가 대통령이 되든, 그가 혼자 감당하기엔 무거운 짐이다. 그래서 국민이 함께해야 한다. 우리의 미래는 누가 당선되느냐보다, 당선 이후에 우리가 어떻게 함께하느냐에 달려 있다.　　　　(2025. 6)

〈정치전문매체 「어셈블리 인사이더」〉

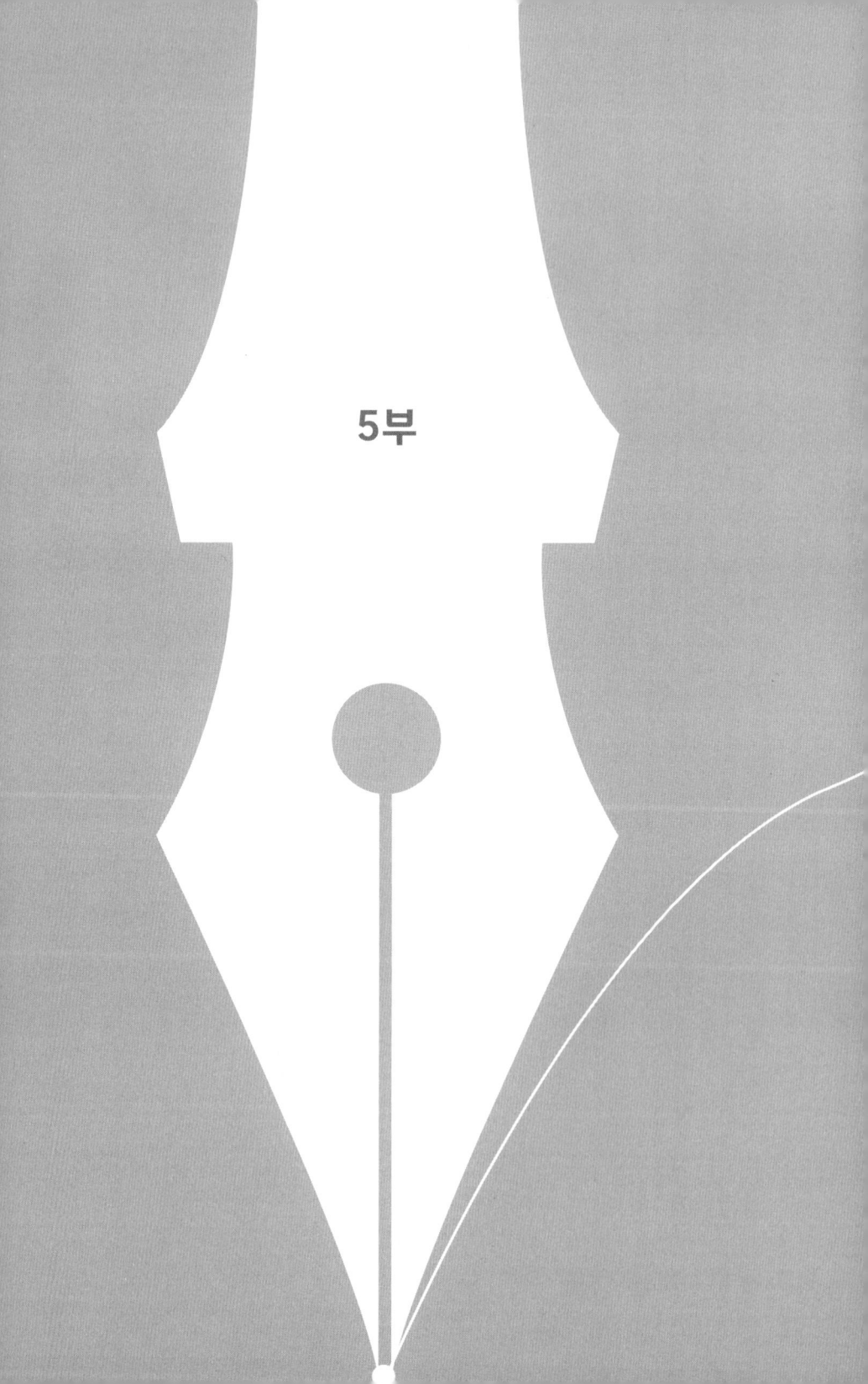

영원한 1등은 없다

01

건강 수명 시대, 운동이 답이다

생로병사(生老病死)는 인간이라면 누구도 피할 수 없는 절대적인 법칙이다. 사람들은 자신이 영원히 살 것처럼 생각하지만, 결국 생명은 유한하고 누구나 한 번은 죽음을 맞이한다. 중요한 것은 한 번 주어진 삶을 얼마나 건강하고 의미 있게 살아 가느냐에 달려 있다.

평균 수명이 증가하면서 건강과 삶의 질에 대한 관심도 함께 높아지고 있다. 특히 40, 50대 중장년층이 경제적으로 자리를 잡았을 때, 갑작스러운 질병으로 어려움을 겪거나, 건강하던 젊은이가 급작스러운 심장 질환으로 세상을 떠나는 사례도 종종 발생한다. 이는 우리가 건강 관리에 충분히 신경 쓰지 않고 있음을 방증한다.

사람들이 건강한 삶을 유지하는 데 있어 가장 기본적이고도 중요한 요소는 바로 '운동'이다. 의학계에서는 이미 오래전부터 운동의 중요성을 강조해 왔다. 30세 이후 인체는 자연스럽게 노화가 시작되며, 매년 평균 1%씩 기능이 감소한다는 보고도 있다.

이에 따라 성공적인 노화(successful aging)를 위해서는 운동뿐만 아니라 금연, 균형 잡힌 식사, 쾌적한 환경 등이 필수적이라고 전문가들은 강조한다.

특히 운동은 동맥경화를 예방하고, 체중 조절을 도와 비만을 예방하며, 당뇨병과 같은 만성질환의 발병을 줄이는 데 결정적인 역할을 한다. 뿐만 아니라 꾸준한 운동은 골다공증을 예방하고, 우울증과 같은 정신적 질환을 완화하며, 자존감을 향상시키는 등 정신 건강에도 탁월한 효과가 있다고 알려져 있다. 그러나 이러한 운동의 중요성을 알면서도 실천하지 못하는 사람이 많다.

최근 들어 한인사회에서는 직장인 농구리그, 5인조 축구리그, 소프트볼리그, 야구리그, 테니스리그 등 다양한 스포츠 활동이 활성화되고 있다. 이러한 사회적 스포츠 참여는 개인의 건강 증진뿐 아니라, 공동체의 유대감을 높이는 데도 큰 역할을 한다.

스포츠 센터, 헬스클럽, 골프 연습장 등에 한인 등록 인구가 증가하고 있는 것도 긍정적인 신호다. 노후의 경제적 안정도 중요하지만, 건강보다 나은 보험이 없다. 지금부터라도 '운동'을 습관화하여 건강 자산을 쌓기 바란다. 건강만이 행복한 노년을 위한 가장 확실한 준비임을 잊지 말기 바란다.

(2005. 7)

02

건강이 최고다

최근 한국의 한 제약회사가 성인남녀 1,000명을 대상으로 '나이 들어가는 것'(Get old)에 대한 인식조사를 실시했다. 조사 결과, 응답자의 43.5%가 가장 중요한 가치로 '돈'을 꼽았고, '건강'이 중요하다는 답변은 22.3%에 그쳤다. 반면, 미국에서 같은 설문조사를 진행한 결과에서는 '건강'이 가장 중요하다는 응답이 37%로 가장 많았다.

'돈'과 '건강' 중 무엇이 더 중요한 가치일까? "재산을 잃은 것은 조금 잃은 것이요, 명예를 잃은 것은 많이 잃은 것이요, 건강을 잃은 것은 모든 것을 잃은 것이다"라는 격언이 그 답을 알려준다. 아무리 많은 돈을 가졌어도 건강을 잃으면 그 돈을 제대로 누릴 수 없다. 오히려 많은 사람이 평생 모은 재산을 병 치료에 쏟아부은 채, 제대로 써보지도 못하고 삶을 마감하기도 한다.

많은 사람들은 병약하게 연명하기보다 건강하게 살다가 자연스럽게 삶을 마무리하기를 원한다. 건강을 유지하는 방법은 익히 알고 있지만, 실천하기가 쉽지는 않다. 대표적인 건강 비법 중 하나는 '소식

(少食)'이다. 즉, 배가 부르다는 느낌이 오기 전에 식사를 멈춰야 하지만 분위기와 식욕을 참지 못하고 과식을 하는 것이다.

한국에서 의사 148명을 대상으로 한 설문조사에서도 '건강 유지법'으로 가장 많이 꼽힌 것이 '걷기'와 '소식(少食)'이었다. 또한 스트레스 관리 방법으로는 '긍정적인 태도'가 가장 중요한 요소로 지목되었다. 스트레스는 만병의 근원이다. 우리는 자주 미래에 대한 불안과 타인의 시선을 의식하며 스스로를 옭아맨다. 하지만 인생은 긴 여행과 같으며, 지나치게 심각하게 살 필요가 없다.

진시황도 찾지 못한 최고의 보약이 있다. '웃음'이다. 한국웃음연구소의 이요셉 소장은 암 환자들을 대상으로 한 연구에서 웃음이 병 치료에 긍정적인 영향을 미친다고 강조했다.

그는 밝은 표정을 짓고 자주 웃는 환자들의 생존율이 더 높다는 사실을 발견했다. 실제로 LA에 사는 한 여성은 매일 아침 10명의 지인에게 전화를 걸어 함께 웃는 습관을 가지고 있다. 그녀는 "웃다 보면 세상의 시름과 걱정이 잠시 사라지고 스트레스가 해소된다"고 말한다. 의학적으로도 웃음의 운동 효과는 입증되었다. 10초 동안 크게 웃으면 노 젓기 세 번의 효과가 있고, 15초간 박장대소하면 100미터 전력 질주한 것과 같은 운동량이 발생한다.

건강은 선택의 문제다. 우리는 부정적인 감정 대신 긍정적인 태도를 선택하고, 웃음을 선택하며, 건강한 삶을 선택할 수 있다. 성경의 잠언에도 "마음의 즐거움은 양약이라도 심령의 근심은 뼈를 마르게 하느니라"라는 구절이 있다. 결국 마음의 평화가 가장 중요한 건강 비결이다. 신체와 정신은 하나이며, 한쪽이 쇠약해지면 다른 한쪽도 영향을 받는다. 육체가 건강하면 정신도 건강해진다.

건강은 건강할 때 지켜야 한다. 누구도 병에서 자유로울 수 없지만, 우리는 마치 자신만은 예외일 것처럼 살아간다. 그러나 삶의 마지막 순간, 돈도 명예도 대신해 줄 수 없는 것이 바로 건강이다. 건강을 위해 거창한 목표를 세울 필요는 없다. 지금 당장 실천할 수 있는 작은 습관이 건강을 지키는 가장 강력한 무기다. 돈으로 살 수 없는 건강, 그것은 결국 우리의 선택과 실천에 달려 있다. (2013. 12)

03

100세 시대의 건강 관리

올해 100세를 맞이한 김형석 교수가 쓴 책 『백년을 살아보니』가 큰 화제를 모은 적이 있다. 그는 매일 걷기 운동과 주 2회 수영을 실천하며 규칙적인 생활로 건강을 유지하고, 1~2주에 한 번씩 강연을 하며 여전히 활발하게 활동 중이다.

1920년 평안남도 대동에서 태어난 김 교수는 인터뷰에서 "60세에서 80세 사이가 가장 좋았던 시절"이라며, 그 시기에 일도 많이 하고 성과에 대한 평가도 가능했으며 사회적으로도 인정받을 수 있었다고 회고했다. 그는 은퇴하지 않고 계속 일했기에 제자들과 후배들에게 기억되는 존재가 될 수 있었다며, 지금도 건강하게 사회적 역할을 지속하는 자신을 축복받은 사람이라 여긴다.

LA 한인타운에서 한의원을 운영하는 이 모 원장은 올해로 89세다. 그는 여전히 풀타임으로 환자를 돌보며, 정성 어린 진료로 많은 이들의 신뢰를 받고 있다. 환자가 완치되어 감사 인사를 전할 때 가장 큰 보람을 느낀다는 그는 "건강은 하루아침에 얻는 것이 아니라 평생 쌓아가는 것"이라고 강조한다. 그는 걷기와 스트레칭으로 건강을 유지하며, 자신을 필요로 하는 환자가 있는 한 은퇴하지 않을 계획이다.

의학의 발달로 평균 수명이 길어지면서, 100세 시대의 건강 관리는 누구에게나 중요한 과제가 되었다. 특히 이민사회에서는 경제적 안정을 위해 건강을 뒷전으로 미루는 일이 잦다. 하지만 기반을 다진 후에는 오히려 건강이 뒷받침되지 않아 인생을 제대로 즐기지 못하는 경우도 많다. "건강을 잃으면 모든 것을 잃는 것"이라는 말처럼, 신체와 정신의 균형 잡힌 건강은 삶의 핵심 요소다.

질병에 시달리며 생명을 연장하는 것은 결코 바람직하지 않다. 오히려 건강하게 오래 사는 것이야말로 진정한 축복이다. 다음의 건강 관리법은 익숙하면서도 실천이 어려운 것들이다. 다시금 자신을 돌아보는 계기로 삼자.

첫째, 몸에 좋은 음식을 섭취하자. 균형 잡힌 식단은 건강의 기본이다. 채소와 과일을 충분히 먹고, 매일 적정량의 물을 마시며, 과식을 피하는 식습관이 중요하다.

둘째, 규칙적인 운동을 실천하자. 자신의 체력에 맞는 운동을 꾸준히 하면 성인병 예방은 물론 치료에도 도움이 된다. 한국의 한 조사에 따르면 의사들이 가장 선호하는 건강 관리법은 걷기 운동이었다.

셋째, 마음의 평안을 유지하자. 스트레스는 만병의 근원이다. 생기지도 않은 일을 미리 걱정하거나 남의 시선을 의식하며 사는 삶은 우리를 병들게 만든다. 마음의 자유를 지키기 위한 노력이 필요하다.

넷째, 즐겁게 일하며 끊임없이 성장하자. 김형석 교수는 "60세부터 제2의 인생이 시작된다"고 말한다. 새로운 것에 도전하고, 지식을 흡수하며, 나이에 굴복하지 않고 삶을 더욱 지혜롭게 만들어야 한다.

다섯째, 항상 기뻐하자. 삶을 긍정적으로 바라보는 태도는 건강에 큰 영향을 미친다. 고난 속에서도 배움을 찾고, 성숙과 강인함을 얻는 기회로 삼아야 한다. 산악가 팀 한셀은 "기쁨은 환경이 아니라 태도에서 비롯된다"고 강조했다.

100세 시대의 건강 관리, 그것은 결국 마음먹기에 달려 있다. 오늘부터 실천하자. 우리의 작은 습관이 백세 인생의 질을 결정한다.

(2019. 8)

04

신분도용, 철저한 예방이 필수다

기자는 올해에만 세 차례나 신용카드를 재발급받아야 하는 불편을 겪었다. 지난 9월과 10월, 누군가 기자의 카드 번호를 도용해 각각 200달러와 300달러 상당의 물건을 구입한 사실을 뒤늦게 발견했는데, 꼼꼼히 카드 명세서를 확인하지 않았다면 부당하게 결제될 뻔했다.

최근에는 아내의 지갑이 도난당해 다시 카드 분실신고를 하게 되었다. 아니나 다를까, 도난당한 다음 날 즉시 누군가 신용카드로 주유를 하고 체크카드에서 현금을 인출한 기록이 확인됐다. 피해액은 보상받았으나, 이로 인한 정신적 스트레스와 문제 해결을 위해 투자한 시간과 에너지는 온전히 기자의 몫으로 남았다.

카드사에 신분도용 사실을 신고했으나 정확히 어떻게 카드 번호가 유출되었는지는 결국 밝혀내지 못했다. 원인을 알 수 없다는 점에서 재발 우려는 더욱 커질 수밖에 없다. 실제로 기자는 이미 10년 전에도 유사한 경험을 했다. 당시 주유카드 번호가 유출되어 큰 금액이 부정

결제됐고, 이를 바로잡는 데 한 달 이상이 소요되었다. 또한 이름이 같은 다른 한인의 신용카드 문제로 인해 나의 신용등급이 위기에 처한 적도 있었다. 반복된 피해로 인해 신분도용에 대한 일종의 트라우마까지 생긴 상황이다.

이러한 경험은 개인 차원의 문제가 아닌, 사회 전체가 경계해야 할 심각한 범죄임을 실감하게 했다. 실제로 미국에서는 매년 전체 인구의 약 4%에 해당하는 890만 명이 신분도용 피해를 입고 있으며, 피해액만도 총 566억 달러, 평균 피해액은 6,383달러에 이른다. 영화 '더 넷(The Net)'에서처럼 개인의 신분과 프라이버시가 무너지는 일이 더는 영화 속 이야기만이 아닌 것이다.

피해를 입은 후 기자는 스스로 철저한 예방 습관을 길렀다. 카드 영수증을 일일이 모아 명세서와 대조하고, ATM 사용 시 주변을 꼼꼼히 살펴 비밀번호 유출을 방지하며, 오래된 은행 서류나 카드 명세서는 반드시 파쇄해 폐기한다.

이제 금융기관들도 더욱 엄격한 보안 절차를 도입하고 있다. 카드 사용자의 자동차 모델, 거주 이력, 최근 사용 내역 등을 확인하는 식이다. 그러나 신분도용을 완전히 근절하기는 현실적으로 어렵다.

새해에는 개인뿐만 아니라 교회, 한인단체, 학교 등 지역 커뮤니티가 함께 정보 공유와 예방 캠페인에 나설 필요가 있다. 그러나, 뭣보다도 스스로 철저한 관리가 신분도용으로부터 자신을 지키는 가장 좋은 방법이다.

(2006. 12)

05

박찬호와 로스앤젤레스 한인사회의 자부심

한국인 최초의 메이저리거 박찬호가 지난달 24일 LA 한인상공회의소가 주최한 제38회 '한인 상공인의 밤' 행사에서 '자랑스러운 한인 스포츠인상'을 수상했다. 이날 수상 소감에서 박찬호는 '열정', '애국심', 그리고 '인연'에 대해 강조했다.

그는 야구가 너무 힘들어 포기하고 싶었던 순간들이 많았지만, 오직 '열정'이 있었기에 난관을 극복하고 성공적인 야구 인생을 살 수 있었다고 말했다. 또한 텍사스에서 마이너리그 시절, 한국을 모르는 미국인들에게 한국을 알릴 수 있었다는 사실에 커다란 자부심을 느꼈고 '애국심'으로 다가왔다고 회고했다. 미국 생활이 쉽지 않았지만, 야구를 통해 소중한 '인연'을 쌓았고, 이 인연들이 자신의 꿈을 이루는 데 큰 힘이 되었다고 밝혔다. 무엇보다 박찬호는 LA 한인사회가 자신의 성공에 큰 역할을 했음을 잊지 않고, 변함없는 성원에 대한 감사를 전했다.

박찬호가 메이저리거로 성장하는 과정에서 LA 한인사회가 결정적인 역할을 했다는 점은 주목할 만하다. 1993년, 당시 LA 다저스 구단주였던 피터 오말리는 LA 한인상공회의소에서 특별 이사로 활동하면서 한인사회의 경제력을 고려해 한국인 선수를 영입하는 것이 다저스의 마케팅에 유리하다는 판단을 내렸다. 이 과정에서 스티브 김 LA 한인상공회의소 이사가 한양대에 재학 중이던 박찬호를 추천했고, 결국 1994년 박찬호의 LA 다저스 입단이 성사됐다. 박찬호는 이미 1991년 롱비치에서 열린 한·미·일 고교야구대회에 국가대표로 참가하며 LA 다저스를 동경해 왔고, 다저스 유니폼을 입는 것이 꿈이라고 밝혔던 터였다. 그 꿈이 현실이 되는 순간이었다.

1994년 LA 폭동과 노스리지 지진, 불경기 등으로 침체된 한인사회에 박찬호의 다저스 입단은 한인사회에 큰 활력이 되었다. 그가 등판하는 날이면 다저스타디움은 태극기가 물결쳤고, 1994년 4월 3일 자 LA 타임스는 "한인사회가 오랜 역경 끝에 '찬호 매니아(Chan Ho-Mania)'에 환호하고 있다"는 제목의 기사를 대서특필했다. 당시 기자는 KBS 아메리카의 전신인 KTE 방송기자로 일하며 박찬호의 활약상을 KBS 방송을 통해 한국에 특집으로 내보냈다. 그만큼 그는 한인사회는 물론 대한민국 전체의 관심을 한 몸에 받았다.

1996년 다저스로 복귀해 본격적인 풀타임 메이저리거로 자리 잡은 박찬호는 1997년 14승 8패를 기록하며 노모 히데오를 제치고 다저스에서 최고의 성적을 거뒀다. IMF로 어려움을 겪던 대한민국 국민에게 그의 성공은 희망의 상징이 됐다. 하지만 순탄치만은 않았다. 1999년

애너하임 에인절스와의 경기에서 상대 투수와 몸싸움을 벌이다 이단 옆차기를 날리며 퇴장당한 사건, 그리고 2002년 텍사스 레인저스와 5년간 6,500만 달러 계약 후 잦은 부상으로 부진에 빠지며 '몸값을 못한다'는 비판에 시달린 시기도 있었다.

그러나 박찬호는 이러한 실패와 좌절 속에서도 인내하며 끝내 아시아 선수 최초로 메이저리그 124승을 달성하는 위업을 이뤄냈다. 스타 선수로 갑작스럽게 부와 명성을 얻은 탓인지 그는 한때 교만하기도 했었다고 고백했다. 그러나 오랜 시간 메이저리그에서 살아남으며 더욱 성숙해졌고, 그 과정에서 겸손함을 배웠다고 회고한다.

현재 그는 재일동포 3세 요리 연구가 박리혜 씨와 결혼해 슬하에 세 딸을 두고 있으며, 제2의 고향인 LA에서 생활하고 있다. 자서전 『끝이 있어야 시작도 있다』에서 그는 "상처가 많은 과거였다면, 그 상처가 치료된 미래는 더욱 강할 것이다. 강해진다는 건, 또다시 닥칠지 모르는 고통을 두려워하지 않는 마음일 것이다"라고 적었다.

이제 박찬호는 야구 행정과 구단 운영을 공부하며 한국과 미국 야구의 가교 역할을 자처하고 있다. 그는 유소년들에게 꿈과 희망을 심어주고, 자신의 위업을 뛰어넘는 한인 메이저리거를 배출하는 데 기여하고자 한다. 마운드 위의 투수에서 인생의 또 다른 이정표를 향해 나아가는 진정한 '히어로' 박찬호의 'LA 이모작'이 더욱 기대되는 이유다.

(2015. 4)

06

Let's go Dodgers!

2017년 월드 시리즈 7차전. LA 다저스는 29년 만에 찾아온 챔피언의 기회를 안방에서 맞이했지만, 휴스턴 애스트로스에 5:1로 완패하며 아쉬운 마무리를 지었다. 믿었던 투수진 커쇼와 다르빗슈가 결정적 순간에 제 역할을 하지 못했고, 강력한 상위 타선은 침묵했다. 야구는 타이밍의 경기다. 찬스를 살리지 못한 타선의 침묵이 곧 패배의 이유였다.

기자는 야구를 사랑한다. 어린 시절 한국일보 주최 봉황대기 고교 야구대회 예선을 하루 종일 지켜볼 만큼 열정적이었다. 1994년 박찬호가 다저스에 입단하면서 다저스와 인연이 깊어졌다. 당시 방송기자로서 박찬호 특집 다큐를 제작했고, 전성기 시절 그의 활약을 KBS에 리포트하기도 했다.

2005년 최희섭의 3연타석 홈런, 서재응의 다저스 투수 활약, 그리고 류현진의 등장까지 다저스는 한국 팬들에게 늘 특별한 팀이었다. 이승엽이 다저스 유니폼을 입을 뻔했던 사연도 야구 팬들에게는 유명한 일화다.

1996년 피터 오말리 전 구단주와의 인터뷰에서 그는 박찬호를 향한 애정과 한인사회에 대한 깊은 관심을 드러냈다. 수년 후 LA의 한 식당에서 그를 우연히 만났을 때, 그는 자신이 서명한 다저스 팬북을 직접 우편으로 보내올 만큼 따뜻한 인연을 간직한 인물이었다.

2017년 10월 31일, 기자는 생애 첫 월드 시리즈 직관을 했다. 다저스가 6차전에서 3:1로 승리하던 그날, 비싼 티켓 값을 잊게 할 만큼 전율의 순간이었다. 내 인생의 버킷 리스트 중 하나가 실현되는 감동이었다.

당시 허리케인 하비로 큰 피해를 입은 휴스턴 시민들은 애스트로스의 승리로 위로를 받았다. "Houston Strong"이라는 구호처럼, 월드 시리즈 우승은 도시 전체에 큰 선물이 되었고, 다저스는 이를 축하하며 '아름다운 패자'로서 스포츠맨십을 보여줬다.

다저스 구단은 패배에도 불구하고 감독과 경영진을 유임하며 신뢰를 보였다. 2015년 켄자스시티 로얄스가 30년 만에, 2016년 시카고 컵스가 106년 만에 염원을 이룬 것처럼, 이제 다저스의 차례라는 기대감이 커졌다.

다저스는 단순한 야구팀이 아니다. LA 시민들에게는 정체성과 자부심의 상징이다.

1988년, 골리앗 같았던 오클랜드를 상대로 다저스가 만들어낸 기적 같은 승리. 커크 깁슨의 역전 홈런은 아직도 많은 팬들의 기억에 남아 있다. 그로부터 30년. 2018년, 다저스의 월드 시리즈 제패는 꿈이 아닌 현실이 되길.

"Let's go Dodgers!" (2017. 12)

07

다저스와 류현진의 기적

다저스는 LA 시민들에게 단순한 스포츠 팀을 넘어서는 상징이며, 하나의 문화다. 한인들에게도 박찬호, 최희섭, 서재응, 류현진 등의 활약으로 인연이 깊은 팀이기도 하다.

1988년, 다저스는 전력이 약하다고 평가받던 상황에서 골리앗 같은 오클랜드 애슬레틱스를 상대로 월드 시리즈 1차전에서 발을 절뚝이며 타석에 들어선 커크 깁슨이 9회말 역전 투런 홈런을 날려 5-4로 승리했다. 이 극적인 한 방은 미 야구사는 물론, 전 세계 스포츠사에 길이 남을 기적으로 기록되었고, 다저스는 이후 4승 1패로 월드 시리즈 우승을 거머쥐었다.

그리고 30년이 흐른 지금, 다저스는 또 한 번의 월드 시리즈 우승에 도전장을 내밀고 있다. 2017년, 다저스는 휴스턴 애스트로스와 7차전까지 가는 대접전 끝에 아쉽게 패했지만, 2018년 다시 한 번 우승을 향한 여정을 시작했다. 롤러코스터 같은 시즌 끝에 정규 시즌 마지막 날 콜로라도와 타이브레이크전을 치러 내셔널리그 서부지구 타이틀을 6년 연속 차지했다.

　디비전 시리즈에서는 애틀랜타 브레이브스를 3승 1패로 꺾고, 챔피언십 시리즈에서는 밀워키 브루어스를 상대하게 되었다. 시즌 중 득점 찬스에 약하다는 비판을 받았던 다저스였지만, 극적인 반전의 중심에는 류현진이 있었다.

　5월, 애리조나와의 경기 중 부상으로 수술을 받아 시즌 아웃이 예상됐던 류현진은 놀라운 회복력을 보이며 정규 시즌 말미 샌프란시스코, 콜로라도와의 중요한 경기에서 완벽한 피칭을 선보였다. 내셔널리그 디비전 시리즈 1차전에서는 한국 선수로는 최초로 플레이오프 1선발로 나서 7이닝 무실점으로 다저스의 완승을 이끌었다.

　LA 타임스는 커쇼가 경기 후 류현진을 포옹하는 장면을 보도하며 "류가 마운드에 다시 선 것 자체가 기적"이라고 평가했다. 부상과 수술, 복귀를 반복하며 어려운 시간을 견뎌낸 류현진의 투혼에 팬들은 "Ry-u! Ry-u!"를 외치며 응원했다.

　데이브 로버츠 감독은 류현진을 "빅게임 피처"라고 치켜세우며, 큰 경기에서의 집중력과 팀에 대한 헌신을 높이 평가했다. 에이스 커쇼 역시 1차전 선발 자리를 기꺼이 류현진에게 양보하고, 2차전에서 압도적인 피칭으로 화답하며 팀의 단결력을 보여줬다.

　하지만 냉정한 프로의 세계는 단 몇 경기의 실수로도 평가가 급변한다. 2017년 다르빗슈가 월드 시리즈 3차전과 7차전에서 무너지며 결정적 패배를 안긴 사례가 대표적이다.

그럼에도 불구하고, 류현진의 부활은 다저스 팬들뿐만 아니라 전 세계 한인들에게 큰 감동을 안겨주고 있다. 만약 다저스가 올해 월드시리즈 우승에 성공한다면, 이는 류현진의 기적 같은 복귀와 맞물려 또 하나의 전설로 남을 것이다. 다저스의 기적을, 그리고 류현진의 기적을 응원한다. (2018. 10)

08

코로나 시대, 건강하고 행복한 삶이 최고다

2022년 임인년 새해가 밝았다. 새해가 되면 누구나 다짐을 새롭게 하며 자신의 삶을 재정비하려는 열망을 품는다. '새해결심(New Year's Resolution)'이라는 말이 낯설지 않은 이유다. 하지만 '작심삼일'이라는 말처럼, 결심을 행동으로 옮기고 지속하는 일은 결코 쉽지 않다. 한 통계에 따르면 새해결심을 세운 사람 중 단 8%만이 연말에 목표를 달성한다고 한다.

예년의 결심이 자기계발, 다이어트, 식습관 개선, 재정 계획, 인간관계 등 실천 중심이었다면, 최근에는 전혀 다른 양상이 나타나고 있다. 장기화된 코로나19 팬데믹이 일상의 기준을 바꾸고 있기 때문이다. 건강과 행복이 모든 가치의 중심으로 부상했다. 백신 보급과 치료제 개발이 속도를 내고 있지만, 오미크론 변이 확산 등으로 인해 여전히 우리는 방역수칙을 지켜야 하는 일상을 이어가고 있다. 이런 현실 속에서 "살아있으면 성공, 건강하면 대박"이라는 말은 과장이 아니다. 2022년 1월 기준, 미국 내 코로나19 사망자는 85만 명을 넘었고, 이는 제2차 세계대전 당시 미군 전사자의 두 배를 웃돈다.

동시에 우리는 '행복'이라는 단어에 더욱 주목하게 됐다. 예전엔 출세, 명예, 재산이 삶의 성공 기준이었다면 이제는 "과연 내가 지금 행복한가?"를 먼저 묻는 시대다. 결혼정보회사 관계자에 따르면, 배우자 선택에서도 학벌이나 재산보다 서로를 행복하게 할 수 있는지를 더 중시하는 경향이 짙어졌다. 직장인들도 더는 승진이나 연봉보다는 가정생활과 정신적 안정에 비중을 두며 커리어를 설계하고 있다.

60세 이상 한인 자영업자들 사이에서도 조기 은퇴를 선택하는 사례가 늘고 있다. 아메리칸 드림을 위해 쉼 없이 달려왔지만, 팬데믹은 무리한 노동보다 건강과 여유의 삶을 돌아보게 만든 계기가 됐다. 저술가 리처드 레이어드는 행복의 7대 요인으로 가족관계, 경제 상황, 일, 공동체와 친구들, 건강, 자유, 가치관을 꼽았다. 이 중 건강과 소득을 제외하면 모두 인간 관계의 질과 연결되어 있다. 결국 행복의 핵심은 관계에 있다.

물론 새해결심은 여전히 의미 있다. 목표가 있는 삶은 에너지를 부여하고 방향을 제시해준다. 하지만 행복을 미루는 삶이어선 안 된다. "~하면 행복해질 거야"라는 조건부 사고는 오히려 스트레스를 낳는다. 행복은 결과가 아니라 지금 이 순간에서 비롯된다는 점을 잊지 말자.

'Present'라는 영어 단어가 '현재'이자 '선물'인 것처럼, 우리는 매일을 소중한 선물로 받아들여야 한다. 100점짜리 계획보다 소박한 감사가 우리를 더 따뜻하게 만든다. 코로나 시대를 살아가는 지금, 욕심을 덜고 하루하루를 지혜롭게 살아가는 것이야말로 최고의 새해결심이 될 것이다. (2022. 1)

09

일레인이 무사히 돌아오길

어느 날, 당신의 자녀가 갑자기 연락이 두절된 채 두 달 가까이 생사조차 확인되지 않는다면, 부모의 심정은 어떨까. 지난 1월 28일, 칼라바사스 지역의 남자친구 집에 다녀오겠다며 외출한 후 실종된 한인 여대생 일레인 박(20) 사건은 한인들에게 큰 충격과 안타까움을 안겨주고 있다. 어머니 수잔 박 씨는 딸의 생사를 알지 못한 채, 하루하루를 애타게 견디고 있다.

초기에는 일레인이 자발적으로 연락을 끊은 것으로 보였으나, 2월 2일 말리부 코랄캐년 비치 인근에서 그녀의 차량이 키와 휴대폰 등 소지품이 그대로 남겨진 채 발견되면서 사건은 실종으로 전환됐다. 차량 내부에는 폭행이나 납치의 흔적은 없었으며, 수사는 여전히 미궁 속이다.

경찰 수사가 뚜렷한 진전을 보이지 않자, 지역 주민들과 자원봉사자들이 직접 수색에 나섰다. 지난 3월 12일, 일레인의 마지막 동선이 확인된 칼라바사스 지역 인근에서 70여 명의 자원봉사자들이 헬기와 드론을 동원해 대대적인 수색 작업을 벌였고, 현상금 5,000달러를 내걸고 제보를 호소했다. 그러나 발견된 의류는 사건과 무관한 것으로 확인됐다.

현재 수잔 박 씨는 사설탐정을 고용해 독자적인 수사를 진행 중이다. 같은 학교를 다녔던 친구의 어머니 린다 스톤-아브람스 씨는 자택에서 야드세일을 열어 3,000달러의 수사기금을 마련했고, 온라인 모금사이트(https://www.gofundme.com/facebook-com-helpfindelainepark)를 통해 1만 5,000달러 이상이 모금되었다. 목표액은 5만 달러다.

LA 한인사회도 힘을 보태고 있다. LA 한인회는 500달러를, LA 북부한인회는 300달러를 기부했으며, 글렌데일 시장과 경찰국장에게 조속한 수사를 촉구하는 서한을 전달했다. 또 다른 기자회견과 기금모금행사도 계획 중이다. 1.5세 여성기업인 토니 고 씨는 친구의 딸이 일레인의 친구라는 인연으로 5,000달러를 기부하며 "이 끔찍한 일이 하루빨리 해결되기를 바란다"고 전했다.

사건 해결의 열쇠는 아직 풀리지 않은 세 가지에 있다. **첫째**, 일레인이 남자친구의 집을 떠난 후 차량이 발견되기까지의 나흘간의 행적. **둘째**, 남자친구 집 CCTV 영상의 확보. **셋째**, 그녀의 통화기록과 관련된 셀폰 암호 해제. 무엇보다 마지막으로 그녀를 본 사람의 진술이 결정적인 단서가 될 가능성이 크다.

수잔 박 씨는 "딸의 행방을 쥐고 있을지도 모르는 CCTV 자료 확보가 핵심"이라며 "LA 카운티와 글렌데일 시 당국의 협조를 얻어 현상금을 3만 달러 이상으로 올리는 방안을 추진 중"이라고 밝혔다.

  자원봉사자들은 수색작전에서 "일레인을 사랑한다, 반드시 무사히 돌아오길 바란다"는 애끓는 메시지를 전했다. 이제 남은 것은 경찰의 지속적인 수사와 시민사회의 끝없는 관심, 그리고 결정적인 제보를 기다리는 일뿐이다. 그녀가 무사히 가족의 품으로 돌아오기를 간절히 기도한다.

(2017. 3)

10

팬데믹 뚫고 날아오른 골프 열풍

미주한인사회에 골프 열풍이 거세다. 코로나19(신종 코로나바이러스 감염증) 이후 야외 활동이 각광받으면서, 사회적 거리두기를 지키며 건강을 챙길 수 있는 골프는 남가주뿐 아니라 미 전역에서 폭발적인 인기를 끌고 있다.

특히 밤잠을 설쳐가며 티타임을 예약하는 풍경은 더 이상 낯설지 않다. 팬데믹 이전보다 한인들의 골프장 방문이 기하급수적으로 늘었고, 이는 서부 지역뿐 아니라 중동부 지역까지 이어지고 있다. "야외에서 안전하게 운동할 수 있다"는 인식과 한인 특유의 조심스러운 생활 습관이 맞물리면서 골프는 한인사회에서 가장 주목받는 스포츠이자 소통의 창구가 되었다.

지난 6월18일 본보가 주최한 제41회 백상배 미주오픈 골프대회는 캘리포니아 경제활동 전면 정상화 직후 열려, 뉴욕, 워싱턴 DC, 샌프란시스코 등지에서 참가 문의가 쇄도할 정도로 성황을 이뤘다. 이후 각종 단체와 동문회, 동호회 주최의 골프대회가 줄을 이으며, 골프는 단순한 스포츠를 넘어 한인사회의 스트레스 해소와 네트워크 복원에 결정적인 기여를 하고 있다.

골프 관련 산업도 호황을 누리고 있다. 용품 판매는 물론 연습장과 레슨 수요가 폭증하고 있으며, 중남미 등으로의 골프 투어 상품도 매진 행렬을 이어간다. 골프 인구가 줄어 문을 닫았던 일부 골프장은 다시 활기를 띠고 있고, 처음 골프를 접한 이들도 코로나 시기를 계기로 입문하면서 골프는 대중적인 레저로 자리잡았다.

기자 역시 지난 해 골프에 입문했다. 한때 수영과 헬스로 건강을 관리했지만, '비대면 시대'에 골프만큼 안전하고 매력적인 운동은 드물었다. 푸른 필드에서 스윙을 날릴 때마다 누적된 스트레스가 날아가는 듯했고, 일상에서 미뤄왔던 즐거움을 되찾는 기회가 됐다. 물론 어깨와 허리, 무릎 부상을 피하지는 못했지만, 골프가 선사하는 소통의 즐거움은 그 이상의 가치를 느끼게 한다.

골프는 단순한 운동이 아니다. 함께 라운딩하며 자연스럽게 이야기를 나누고, 사람의 성격과 태도를 읽을 수 있는 장이다. 실제로 고 이석구 전 연세대 남가주 동문회장은 이민 초창기 골프장에서 만난 미국인으로부터 비즈니스 기회를 제안받아 새로운 인생의 전환점을 맞기도 했다.

정신 건강에도 골프는 효과적이다. 스윙과 퍼팅에 집중하다 보면 일상의 복잡한 생각이 저절로 사라지고, 걷기 운동까지 병행되며 건강도 챙길 수 있다. 남녀노소 누구나 즐길 수 있으며, 젊은 세대도 빠르게 유입되고 있다. 드라이버샷 거리 200야드의 골퍼가 300야드를 치는 상대를 전략으로 이길 수 있는 유일한 스포츠. 세대를 아우르며 가족 간의 대화도 자연스러워진다.

지난 1년 반, 팬데믹으로 인해 사회는 얼어붙었지만 골프는 한인사회에 새로운 활력을 불어넣었다. 가족, 단체, 친구와의 관계가 더욱 끈끈해졌고, 경제적으로도 불황을 이겨내는 데 작지만 확실한 기폭제 역할을 했다. 골프가 만들어낸 이 소통의 물결은 앞으로도 한인사회에 긍정적인 변화를 이끌어갈 것이다. (2021. 9)

11

Back to Normal!

미국의 코로나19 누적 사망자 수가 2021년 6월 3일 기준으로 61만 명을 넘겼다. 팬데믹이 본격화된 이후 1년여 만에 60만 명이 넘는 미국인이 바이러스와의 싸움에서 목숨을 잃은 것이다. 지난 2월, 조 바이든 대통령이 50만 명의 사망자를 기리며 직접 추모 행사를 주도한 바 있다.

그러나 1월 바이든 대통령의 취임 이후 가속화된 백신 접종과 철저한 방역조치 덕분에 바이러스 확산세는 빠르게 누그러들었고, 연방질병통제센터(CDC)도 5월 13일 마스크 착용 의무 해제라는 상징적인 조처를 발표했다. 전문가들은 아직 방심할 단계는 아니라고 입을 모으지만, 적어도 가주(캘리포니아)는 안정세에 접어들고 있다는 평가를 받고 있다.

이런 흐름에 따라 가주는 오는 6월 15일, 경제활동 전면 재개를 선언하고 모든 제한을 해제할 계획이다. 그간 비즈니스에 부과됐던 각종 규제는 풀리고, 우리는 점차 팬데믹 이전의 삶으로 복귀하게 될 것이다.

여행이 자유로워지고, 영화관과 식당이 활기를 되찾고, 멀리 떨어진 가족들과의 만남이 다시 일상이 될 날이 성큼 다가오고 있다. 지난해 3월 19일, LA 카운티의 '스테이 앳 홈' 행정명령 이후 길고도 답답했던 창살 없는 감옥의 시간은 이제 끝을 향해 가고 있다.

당시 우리는 마켓조차 자유롭게 갈 수 없었고, 식사는 투고로만 가능했으며, 헬스장도 문을 닫았다. 모두가 수개월 내 진정되리라 기대했지만, 이 제한조치는 결국 10개월 가까이 이어졌고 많은 것을 바꿔놓았다.

최근 메모리얼 데이 연휴 동안 기자는 라스베이거스를 다녀왔다. 평소 LA에서 네 시간 걸리던 여정이 일곱 시간 넘게 소요됐을 만큼 교통량이 몰렸고, 라스베이거스의 호텔과 거리에는 관광객들로 북적였다. 팬데믹 이전과 같은 활기를 완전히 되찾은 것은 아니지만, 80% 수준의 인파는 일상의 복귀를 실감하게 했다. 인근의 레드락 캐년에도 입구부터 긴 줄이 이어졌다.

한인타운 비즈니스도 회복세를 보이고 있다. 지난 5월 초순, 옐로 등급 전환과 함께 가정의 달 세일이 맞물리면서 소매점과 식당, 선물가게 등이 활기를 띠었고, 그동안 비대면으로만 이어졌던 각종 사회단체 활동도 서서히 대면 방식으로 전환되고 있다.

장기간의 마스크 착용과 거리두기는 사람들 간의 마음의 거리까지 벌어지게 했지만, 이제는 그 거리도 다시 좁혀지고 있다.

지난 1년여간 우리는 많은 것을 잃었다. 수많은 이들이 직장을 잃었고, 학생들은 학교를 떠났으며, 노인들은 양로원조차 갈 수 없어 극심한 고립과 외로움을 경험했다. 그러나 팬데믹은 우리가 당연시했던 일상의 소중함을 일깨워주었다.

실직과 폐업의 현실 속에서도, 곁에 있는 가족과 친구의 존재는 무엇보다 값진 위안이 되었다. 그리고 우리는 깨달았다. 나의 건강은 나 혼자만의 문제가 아니며, 이웃에 대한 배려와 공동체적 연대가 우리 모두의 생명을 지키는 가장 강력한 방역이 된다는 사실을.

코로나19가 완전히 종식되었다고 선언하기는 아직 이르다. 그러나 이제 우리는 조심스럽지만 분명한 걸음으로 일상으로 돌아갈 채비를 하고 있다. 그 어느 때보다 간절했던 일상의 복귀. 그 시작이 머지않았다.

(2021. 6)

12

Let's Go, Rams!

한인들에게 다소 생소할 수 있는 프로 미식축구 리그에 대한 기자의 애정은 남다르다. 처음 응원했던 팀은 덴버 브롱코스. 1984년부터 1989년까지 콜로라도 덴버에 거주하며 자연스럽게 마일하이 스타디움을 찾아 경기를 관람했고, 룰도 제대로 이해하지 못하던 풋볼은 어느 순간부터 매주 일요일 빠질 수 없는 스포츠가 되었다.

1989년 LA로 이주한 뒤에도 초기엔 덴버 경기를 챙겨봤다. 당시 LA에는 레이더스와 램스, 두 NFL 팀이 있었지만 1994년 재정 문제로 모두 타 지역으로 이전하면서 LA 팬들의 허전함은 컸다. 이후 LA 풋볼 팬들은 오클랜드 레이더스, 샌프란시스코 포티나이너스, 샌디에고 차저스를 응원하며 아쉬움을 달래야 했다.

그러던 중, 2016년 세인트루이스 램스가, 2017년 샌디에고 차저스가 각각 LA로 복귀하면서 본격적인 부활을 알렸다. 특히, 2020년 완공된 두 팀의 새 홈구장 소파이 스타디움은 LA 풋볼 팬들의 자부심이 되었다. 비록 팬데믹으로 인해 무관중 경기가 치러졌지만, 기자는

2022년 1월 30일, 아들과 함께 소파이 스타디움을 찾아 NFC 결승인 램스와 49ers의 경기를 직접 관람하며 수년간의 기다림을 보상받았다. 비싼 입장료와 긴 입장 대기, 고된 일정에도 불구하고 램스가 짜릿한 20-17 역전승으로 슈퍼볼에 진출하며 큰 감동을 안겨주었다.

램스는 슈퍼볼 진출을 위해 대대적인 전력 강화를 시도했다. 쿼터백 매튜 스태포드, 리시버 오델 베컴 주니어, 라인배커 본 밀러 등 스타 플레이어들을 영입하며 승부수를 던졌고, 올스타급 기존 멤버들과 시너지를 발휘하며 마침내 LA 홈팬들 앞에서 슈퍼볼에 올랐다. 이번 56회 슈퍼볼은 LA의 소파이 스타디움에서 개최되는 두 번째 홈팀 결승전으로, 로컬 경제에만 4억7,750만 달러 이상의 파급효과가 기대된다.

한편, 슈퍼볼은 단순한 스포츠 이벤트를 넘어 문화적 현상이다. 전국 평균 시청률이 50%에 달하며, 현대차, 기아 등 전 세계 유수 기업들이 전용 광고를 제작해 브랜드를 알리는 무대이기도 하다. 특히 올해 슈퍼볼은 팬데믹 이후 처음으로 대규모 오프라인 행사를 수반하는 스포츠 이벤트로, 방역과 즐거움의 균형을 시험하는 기회가 될 것이다.

코로나19로 지친 미국인들에게, 이번 슈퍼볼은 그동안 억눌렸던 감정을 나누고 회복할 수 있는 축제의 장이 될 것으로 보인다. LA 램스가 홈에서 우승컵을 들어올리며, 한인사회에서도 풋볼에 대한 관심이 높아지고 새로운 문화적 소통의 창구로 발전하길 기대한다.

Let's go, Rams! (2022. 2)

13

영원한 1등은 없다

LA에 올림픽가를 중심으로 한인사회가 형성된 지도 어느덧 50여 년이 흘렀다. 1970년대 초, 약 1만 명으로 추산되던 한인 인구는 2017년 기준으로 남가주 지역에만 70만 명 이상이 거주하고 있다. 50년 만에 인구는 70배 넘게 증가한 셈이다.

경제 규모 역시 괄목할 만한 성장세를 보였다. 1960년대 말 제퍼슨가를 중심으로 식당과 식품점 몇 개에 불과했던 한인 비즈니스는, 현재 남가주를 중심으로 활동하는 9개 한인 은행의 총자산이 291억 달러, 총예금 240억 달러, 순익 8,146만 달러에 이르는 등 눈부신 발전을 이뤘다.

한인 은행의 역사는 1974년 외환은행의 LA 현지법인인 가주외환은행(CKB)의 설립에서 시작됐다. 이후 45년의 세월 동안, 한인 은행들은 수많은 부침을 겪으며 성장해왔다. 현재 미국 내에서 한인 은행의 자산 규모는 중국계에 이어 두 번째로 크다.

이민 초기 한인 비즈니스의 성장은 CKB가 초석이 되었지만, 서울

본사의 지시에 따라 행장이 부임하는 구조는 로컬 사정에 밝지 못한 단점이 있었다. 부실 대출과 안일한 경영으로 인해 결국 후발주자인 한미은행에 24년 만에 선두를 내주게 된다.

1994년 민수봉 행장이 취임한 이후 한미은행은 급속도로 성장해 1998년 1분기에는 자산 기준으로 CKB를 제치고 최대 한인 은행이 되었다. 2003년 유재환 행장 시기에는 퍼시픽유니온은행(구 CKB)을 인수하며 명실공히 업계 1위 자리를 굳혔다.

하지만 과도한 확장과 주류 은행 진출이라는 야심은 위기를 불러왔다. 유재환 행장의 전격 해임과 함께 손성원 박사가 영입되었지만, 이 사회와의 갈등과 실적 부진으로 결국 3년 만에 중도하차하게 된다.

2008년 금융 위기 당시, 한미은행은 인디맥과 리먼브러더스의 파산 여파로 자본건전성이 악화되며 위기를 맞았다. 일부 고객들의 내 규모 예금 인출 사태가 발생하고, 2009년 말에는 감독국으로부터 1억 달러 증자 명령을 받는 등 존폐 기로에 놓였다. 그러나 2010년 우리금융지주로부터 최대 2억 4,000만 달러의 투자 유치를 받으며 회생의 발판을 마련했고, 이후 1억 2,000만 달러의 주식공모를 통해 추가 증자에 성공했다.

한편, 퍼시픽유니온은행(구 CKB)은 2004년 한미은행에 인수되며 역사의 뒤안길로 사라졌다. 이후 2010년 나라은행과 중앙은행의 합병으로 BBCN은행이 탄생하면서, 한미은행은 한인 커뮤니티 내 최대 은행 자리를 12년 만에 내주게 된다.

2016년에는 BBCN과 윌셔은행이 합병해 뱅크 오브 호프가 출범, 자산 규모 127억 달러의 지역은행(Regional Bank)으로 발돋움하게 되었다. 현재 뱅크 오브 호프는 월가에서도 한인 은행의 대표 브랜드로 평가받고 있으며, 그 영향력이 막대하다. 이 은행의 실적에 따라 한인 은행 전체의 이미지와 주가가 영향을 받는다.

이처럼 한인 금융계의 역사는 명확한 사실 하나를 말해준다. "영원한 1등은 없다." 시장의 흐름, 경영 전략, 리더십, 시대의 변화에 따라 1위의 자리는 언제든 바뀔 수 있다. 한인 은행 경영진과 이사진은 지난 40여 년간의 교훈을 되새기며, 단기적 이익보다 지속 가능한 성장과 커뮤니티 기여를 우선하는 경영 철학을 가질 필요가 있다.

(2019. 5)

박흥률 | 연도별 저자 약력

1973	서울 홍파초등학교 졸업
1976	서울 경희중학교 졸업
1979	서울 환일고등학교 졸업
1980	한국외국어대학교 영어교육과 입학
	외대 영자 신문사 The Argus 기자로 활동
1984	한국외국어대학교 영어교육과 졸업(BA)
1989	미국 Metropolitan State University of Denver(MSU Denver) 응용수학과 졸업(BS)
	미주한국일보 입사(언론인 경력 시작)
1991	KBS 아메리카 입사(방송 보도 시작)
1997~1998	LA 한인방송기자협회 제3대 회장
1997	KBS 서울프라이즈 TV부문 최우수상 수상
	작품: 세 발의 총성 – 깨어진 꿈 (KBS 전국 방송)
1998	KBS 아메리카 보도국장
1999	KBS 서울프라이즈 TV 부문 최우수상 수상
	작품: 마마! 보고 싶어요 (KBS 전국 방송)
	KBS 9시 뉴스에서 수상자 인터뷰 진행
2000	미주한국일보 재입사
2005	미주한국일보 자매방송 KTAN TV 및 라디오 서울 보도국장 역임
2006	미주한국일보 경제부장
2010	한국외대 LA 글로벌 CEO 독서 동아리 리더스 소사이어티(Leaders' Society) 설립 및 초대 회장
2013~2014	미국 남가주 라카냐다 시 YMCA 이사
2015~2016	남가주 환일고등학교 동문회장
2016	외대 영자신문 The Argus 4월6일자 커버스토리 인터뷰 게재
	제목: Connecting the Dots: Every Experience Connects to the Future
2017	미주한국일보 부국장
2019	미주한국일보 특집기획국장
2023	남가주 한국외국어대학교 동문회장
현재	글로벌코리안스(GlobalKoreans.com)대표

니가 기자냐? 나는 기자다!
박흥률 기자 뉴스 에세이

초판 1쇄 발행 | 2025년 6월 30일

지은이 | 박흥률
발행인 | 장문정
발행처 | 문예바다
        등록번호 | 105-03-77241
        주소 | 서울 종로구 삼일대로 30길 21(종로오피스텔) 611호
        전화 | 02-744-2208
        메일 | qmyes@naver.com

ⓒ 박흥률, 2025. Printed in Seoul, Korea
ISBN 979-11-6115-277-6 (03810)

*이 책의 저작권은 지은이와 출판사에 있습니다.
*양측의 서면 동의 없는 무단복제를 금합니다.